The Sounds of Love
Fuaimean Gràidh

To Paul and Kate
with best wishes,

Niall O'Gallagher

The Sounds of Love
Fuaimean Gràidh

Selected Poems
Dàin Taghta

Niall O'Gallagher

Translated by Peter Mackay, Deborah Moffatt and others
With an introduction by Alan Titley

Francis
Boutle
Publishers

This bilingual edition first published by
Francis Boutle Publishers
272 Alexandra Park Road
London N22 7BG
Tel 020 8889 8087
Email: info@francisboutle.co.uk
www.francisboutle.co.uk

Fuaimean Gràidh: Dàin Taghta / The Sounds of Love: Selected Poems
© Niall O'Gallagher 2023
Translations © Peter Mackay, Deborah Moffatt, Jim Carruth, Claire
O'Gallagher, Garry MacKenzie 2023

ISBN 978 1 7398955 8 7

Do Chlaire, Angus agus Maeve

CONTENTS

11 Preface by Alan Titley

15 Acknowledgements

18 Leisgeul a' Bhàird / Apologia Poetica

20 Crindreas / Bramble

22 'A-nis g' eil Gàidhlig agad…' / Now You Have Gaelic

24 Màthair-chainnt / Mother-Speech

26 Speur-sheòladair, Reul-eòlaiche / Space Traveller

28 'Ghille bhig…' / Little Boy

30 'Tha gach beathach, fiù 's na h-eòin…' /
   Every Creature, Even the Birds

32 Criathar-meala / Honey-Comb

34 Ubhal / Apple

36 Blàth na Bealtaine / Beltane Blossom

40 Beàrnain-Bhrìde / Dandelions

44 Cur na Peitseige / Planting the Peach

   Bho Dàin do Chlàrsaich / From Poems to a Harp

50 A' Chlàrsach Bhriste / The Broken Harp

54 Goltraighe, Geantraighe, Suantraighe /
   Adagio, Allegro, Nocturne

58 Teud-bhuidhe / Yellow Harp-String

60 Cailín Deas Crúite na mBó

62 'Chaidh teudan mo chlàrsaich a thoirt bhuaipe…' /
   The Strings of My Harp Had Been Stripped

64 Soraidh Slàn don Cheòl / Farewell to the Music

68 'Na cluinneam nach eil subh-làir…' / At the Fruit Stall

70 Fèin-dealbh le Aibreig / Self-Portait with Apricot

72 'Crath botal òrdha 'n t-siabainn…' / A Shake of the Bottle

74 'Is aoibhinn cumadh nan dàn…' / The Blank Page

76 Crescendo Falso

78 'A bheil seachd lide gu leòr…' / Will Seven Syllables Serve
80 Rid thaobh aig a' phiàna, Raibeirt Garioch /
   Beside You at the Piano, Robert Garioch
84 Eilean Homair / Homer's Island
86 Penelope
88 'Nuair a bha mise nam bhalach beag…' /
   When I was a Little Boy
90 An Spideal Doileige / The Doll Hospital
92 Falach-fead / Hide and Seek

   Ceann-tighearna / Kentigern
96 Teneu
98 Scottish National Dictionary I
100 Scottish National Dictionary II / Alphabet of Trees
102 Fàilte Shearbhain / St Serbán's Welcome
104 Ainmeanan / Names
106 Hielanman's Umbrella
108 Beurla nan Ceàrd / The Travellers' Language
110 A' Pheiteag Fhlann-bhuidhe / The Blood-Yellow Vest
112 An t-Eun Nach d' Rinn Sgèith / The Bird that
   Never Flew
114 Fear a' Phiàna aig Glaschu Mheadhain /
   The Pianist at Glasgow Central
116 Votum Kentigerni
118 Fàgail Cnoc a' Ghobhainn / Leaving Govanhill

120 Duilleag / The Leaf
122 'Cha mhòr gum faca mi riamh àite cho àlainn…' / I've
   Hardly Ever Seen a Place So Lovely
124 Grafitti
126 'Bhruadair mi leat a-raoir…' /
   I Dreamt With You Last Night
128 'Mar sheann bhàrd nan Gàidheal rinn mi dàn…' /
   Like a Gaelic Bard of Old I Made a Poem

130 Lìnean-nighe / Washing Lines

132 Sreathan / Those Who Came Before Me

136 'Gach Dihaoine an seo an Cnoc a' Ghobhainn…' /
    Every Friday in Govanhill

138 'Gus am bi e ceadaichte dhuibh pòsadh…' / Until it is Legal
    For You to Marry

140 'Cha do dh'èirich a' ghrian an-diugh air Glaschu…'/
    The Sun Didn't Rise Today in Glasgow

142 'Chan aithne dhomh ainm nan reul…' / I Don't Know the
    Names of the Stars

144 Treanaichean / Trains

146 Tilgeil Cloiche / Skimming Stones

148 'Thig a chluich a chlàrsair dhoill…' / The Long Dream

150 'Cha tèid an gaol a roinn…' / Love Will Not Be Divided

152 Feitheamh na Grèine / Waiting for the Sun

154 Dimitto

156 Beatha Ùr / New Life

The last poem in this collection culled from the best of his published work is titled 'Beatha Ùr'/ 'New Life'. But it is all new life. O'Gallagher is a poet of life in all of its wonders and manifestations, a poet of love and observation and of a quiet and determined exposition of his soul as an artist and as a man.

Poets still have a choice in this world of flux in following the often easier path of *vers libre* or of attempting to rejuvenate the old skins with new wine. The choice is never as stark as this and the best poets will work with the two, using the worst of the old and the best of the new to fashion a fresh poetry for our own age. Niall O'Gallagher is one of those poets who lives the new while singing the old that is always well-made, a poet of our time who lives in an ever present past.

His concerns are always now. He sings of love. Love of love, of lover, of daughter, of son, of place, of city, of the apparently inconsequential. He writes hugely of simple things, of strawberries and dandelions, of brambles and broken dolls, of leaves and of apricots, of trains and of stones, and even of peaches and of Glasgow Celtic.

He does that stupid thing that the best poets do – he celebrates! While reading his poetry you get this awful feeling that life is good.

He is cursed with the beauty of tradition. He is haunted with what has gone before. The reader and listener of poetry will pick up the echoes and the hints and the shards and the intimations and the links from all over. The quiz mind will seek, but the echoes will hide. And yet Bardic poetry is there, if only for its shape. The romantics pop up, as they do, unless you are completely hard-hearted. There are echoes, not very faint, of Donnchadh Bàn, of Somhairle, of Yeats, of Heaney, of the classics, but there is a sense in which none of this matters in the end.

A poet of our time is a poet for everyone. Poetry takes us through the immediate night, but also through the ages.

The big thing about Niall O'Gallagher is that he is a Scottish poet writing in the defining language of Scotland while being fully aware of its connection with Ireland. The Bardic tradition of Irish and Gaelic poetry made its reach from the northernmost tip of John O'Groats to southernmost dip of the bit at the end of Mizen head in west Cork. Along this range, its language is mostly muted today, but its breath is given new life in modern Gaelic and Irish literature, whose traditional forms O'Gallagher reshapes, refashions and recreates to make it sing again in its ever new.

To be blunt: there is nobody else in Scotland or in Ireland who uses the traditional metric scaffolding with all its restrictions to write a modern poetry so new within the corset of the past while letting his own voice sing unmistakenly its own. It was said that it took seven years of training to master some of these bardic metres which were more intricate than any wordle crossword knitting verbal sudoku puzzle. While it is unlikely that he had to undergo such an apprenticeship, being a man of this world with other things to do, he certainly served his time. More than that, he swallowed the entire tradition from the classical, through song or ballad metre, to the more loose and flaccid free verse of today. This is why we feel that we are reading a poet for all seasons.

In one of his poetic lives, he is a supreme love poet. This is difficult, as love poetry can fall between the comparing to a summer's day and the mushy sentimental and the greeting card gush. He navigates this by a hard beauty, a strict language and a matching eye. Ahead of his time, he is also a nature poet, not in the easy Wordsworthian celebration of the beauty of the world which can either make us sad or leap for joy, but in the arresting awareness that we might be making a mess of things. It's a wild wild world, but it may not be so for much longer.

A huge question looming over poets who write in minoritized languages, and especially those languages and literatures which have a glorious history, is how do they relate to the battered tradition to which they still belong. They are haunted by the fact that they have not come out of nowhere. Their backstory is bigger than that of the standard overarching languages who have bested themselves in the game. Niall O'Gallagher's answer is just to get on with it. No writer anywhere is unaware of where he or she belongs. Every writer is crunchily standing on the bones of the past. The importance is in the crunching. It can be done as a farewell or as leap into the future. O'Gallagher is modern, meaning of now and our time, but we do not attach the tired and battered tag of modernist or post-modernist to him, as these advertisments are entirely irrelevant.

Every poem, is of course, a separate creation and must be taken on its own terms. Each new poem sends out its feelers to the past, or not. The challenge of translation is to even hint at this. Let us be blunt. A new translation of a poem is not the equivalent of the original. All the fuzz and the moss and the smell and the touch and the depth and the hairiness of the original is wiped out, expunged and exterminated. The sounds of Gaelic are blunted, its feel is blancmanged, its thrust is circumcised. And yet, we need translation even as a black and white photo of a unidimensional apparition of a fat and rounded piece of sculpture, which is what translation is.

The translations here are excellent. Their first plus is that they keep their shape, which is an essential part of O'Gallagher's art. The English words snap and bark against the original Gaelic, but their bark is well worth their bite. Indeed, the richness of the English translations give a hint as to the wealth of the Gaelic wordhoard they are mimicking. It is easily imagined that Peter Mackay and Deborah Moffatt laboured over their loving versions with as much care as Niall O'Gallagher did making the originals in the first place. 'Making' here is deliberate, since in the Gaelic tradition, poems certainly come from inspiration, but they must also be 'made' with graft, craft and art. Not surprisingly, there is an obsession with language throughout his work as there is in the translations. A poet would not be a poet who wasn't riven with a concern for the depth and the spread of words. Even the much-maligned Scots dialect of Glasgow is given loving recognition as is the trove of words in the mouths of the travelling people.

O'Gallagher writes as if the Gaelic tradition had never been severed. There is a real sense here in this rich collection that it has been mended and enhanced by a poet who has his own voice, but one we recognise because it is always part of what we are.

ACKNOWLEDGEMENTS

All but one of the poems collected here were previously published by CLÀR in my first three books as follows:

From *Beatha Ùr* (2013)
'Rid thaobh aig a' phiàna, Raibeirt Garioch', 'Eilean Homair', 'Duilleag', 'Cha mhòr gum faca mi riamh àite cho àlainn…', 'Grafitti', 'Bhruadair mi leat a-raoir, mar a their iad…', 'Mar sheann bhàrd nan Gàidheal rinn mi dàn…', 'Gach Dihaoine an seo an Cnoc a' Ghobhainn…', 'Gus am bi e ceadaichte dhuibh pòsadh…', 'Cha do dh'èirich a' ghrian an-diugh air Glaschu…', 'Treanaichean', 'Beatha Ùr'

From *Suain nan Trì Latha* (2016)
'Leisgeul a' Bhàird', 'A-nis g' eil Gàidhlig agad…', 'Màthair-chainnt', 'Speur-sheòladair, Reul-eòlaiche', 'Ghille bhig…', 'Tha gach beathach, fiù 's na h-eòin…', 'Ubhal', 'Na cluinneam nach eil subh-làir…', 'Fèin-dealbh le Aibreig', 'Crath botal òrdha 'n t-siabainn', 'Crescendo Falso', 'A bheil seachd lide gu leòr…', 'Nuair a bha mise nam bhalach beag…', 'An Spideal Doileige', 'Falach-fead', 'Lìnean-nighe', 'Chan aithne dhomh ainm nan reul…', 'Thig a chluich a chlàrsair dhoill…', 'Feitheamh na Grèine', 'Dimitto'

From *Fo Bhlàth* (2020)
'Crindreas', 'Criathar-meala', 'Blàth na Bealtaine', 'Beàrnain-Bhrìde'. 'Cur na Peitseige', 'A' Chlàrsach Bhriste', 'Goltraighe, Geantraighe, Suantraighe', 'Teud-bhuidhe', 'Cailín Deas Crúite na mBó', 'Chaidh teudan mo chlàrsaich a thoirt bhuaipe…', 'Soraidh Slàn don Cheòl', 'Is aoibhinn cumadh nan dàn…', 'Teneu', 'Scottish National Dictionary', 'Fàilte Shearbhain', 'Ainmeanan', 'Hielanman's Umbrella', 'Beurla nan Ceàrd', 'A' Pheiteag Fhlann-bhuidhe', 'An t-Eun Nach d' Rinn Sgèith', 'Fear a' Phiàna aig Glaschu Mheadhain', 'Votum Kentigerni', 'Fàgail Cnoc a' Ghobhainn', 'Sreathan', 'Tilgeil Cloiche', 'Cha tèid an gaol a roinn…'

'Penelope' was the winning entry in the Wigtown Gaelic Poetry Competition in 2020.

The sonnet sequence 'Ceann-tighearna' ('Kentigern'), in which tales from the lives of Glasgow's founding saints are interwoven with more contemporary episodes, grew from a commission to write three poems on my appointment as Bàrd Baile Ghlaschu in 2019. The translation of 'Scottish National Dictionary I' was commissioned by the Oxford Brookes Poetry Centre for performance at the Thinking Human Festival in 2020, while 'An t-Eun Nach d' Rinn Sgèith' was published in *The Herald* to mark Saint Mungo's Day 2021.

Other poems and translations were previously published in *Cabhsair / Causeway*, *Cobhar*, *Feasta*, *From Glasgow to Saturn*, *An Guth*, *Irish Pages*, *New Writing Scotland*, *Poetry Reader*, *Northwords Now* and in the anthologies *An Leabhar Liath / The Light Blue Book* and *100 Dàn As Fheàrr Leinn / 100 Favourite Gaelic Poems* or broadcast on BBC Radio nan Gàidheal, BBC Radio Scotland, BBC Radio Ulster and RTÉ Raidió na Gaeltachta.

I would like to acknowledge the support of The Scottish Book Trust and the Gaelic Books Council through a New Writers Award, which allowed me to complete my first collection. Special thanks to John Storey at the Gaelic Books Council for his continued advice and encouragement, and to everyone at CLÀR for their support over the last ten years. I am thankful to them for allowing my poems to be republished here and for their meticulous editing of the Gaelic text. This book would not have been possible without the translators, especially Peter Mackay and Deborah Moffatt. I am grateful for their care, inventiveness and patience. Thanks to Clive Boutle for his enthusiasm and energy in publishing this work and to Alan Titley for his generosity in writing the introduction. Throughout the work on this book, I have felt fortunate to be in such good hands. Finally, thanks to Claire, Angus and Maeve, for everything.

Niall O'Gallagher, February 2023

The Sounds of Love
Fuaimean Gràidh

Leisgeul A' Bhàird

Na càin gach dàn le mearachd:
tha 'n ùghdar gun sgoilearachd.
   Rinneadh gach sreath an dòchas
   nach dìteadh an òglachas.

Is mi a' sgrìobhadh bàrdachd
cho cearbach le comhardadh
   chan fhonnmhor ceòl na h-aicill
   mar thoradh air m' an-fhaicill.

Cha deach mi riamh nam fhilidh
an *rannaigheachd* 's *deibhidhe*
   chan fhaigheadh brìgh bhom dhìcheall
   a' sgrìobhadh nan dàn-dìreach.

Mar sin, na toir an aire
do bhochdainn mo dhuanaire
   ach gabh i, ged nach cante
   gu bheil m' obair ealanta.

Apologia Poetica

Don't blame each poem for its faults:
their author is untaught.
    Each verse was done in hope
    the zest of youth's below reproach.

For the poems that I write
are so clumsy in their rhymes,
    their *aicill*-music irks:
    I'm too careless at my work.

I never learnt to be a *filí*
skilled in verse forms, in the *deibhidhe*,
    all my efforts are defeated
    when I write in classic metres.

And so pay no attention
to the faults of my collection
    but accept it, though it proves
    there's no art to my oeuvre.

Translated by Peter Mackay

CRINDREAS

An lùib na droighne
anns an dris-choille
tha meas an fhoghair
    toradh mo ghràidh

is dealt na maidne
a' fàgail taise
a' gleansadh air a
    craiceann làn.

Tha brìgh na deirce
mìlse nas seirbhe
na gèire deilge
    a' stailceadh làimh'

ach dh'aindeoin bhioran
bu mhi a spioladh
is le mo bhilean
    bhlaisinn àgh.

BRAMBLE

Amongst the thorns
in the thicket of brambles,
the autumn berry
is my heart's desire,

the damp sheen
of the morning dew
gleaming bright on
its full ripe skin.

The sap of the sweet berry
is sharper than the thorn
that pierces the thin skin
of the plundering hand,

but I would pick my fill,
in spite of the pricks
that my lips might taste
the glory of the bramble.

Translated by Deborah Moffatt

'A-Nis G' Eil Gàidhlig Agad…'

A-nis g' eil Gàidhlig agad
    tha an tuilleadh fhacal ann
gus innse gu bheil d' aodann
    a' toirt aoibhneis do gach rann,

is mi ag ràdh gur m' eudail
    a th' annad fhèin, g' eil mo ghràdh
nas fharsainge 's nas doimhne
    na meas mì-fhoirfe nam bàrd;

briathran ùra is gleansach,
    am fuaimean, leathann is caol,
cho brèagha air do theanga,
    lidean mealach, mìn ar gaoil.

Chan eil facail gu leòr nar trì cainntean gun chrìch
ged a bha sabaid mhòr agus àimhreit, a' strì,
agus gach neach ri bòst gus am faigheadh iad brìgh,
airson labhairt mun ghlòir aig ar dàimhse gu fìor.

Now You Have Gaelic

Now you have Gaelic
        there are so many more words
to say that your face
        brings joy to my verse,

as I say that my love
        for you my darling
is wider and more deep
        than a poet's loose reckoning;

words that are new and lustrous
        their sounds, slender and broad,
so pretty on your tongue,
        the honey syllables of our love.

There aren't words in our three
unbounded tongues, for all their spleen
as they boasted their authority,
to speak the truth of our love's glory.

Translated by Peter Mackay

MÀTHAIR-CHAINNT

Cha d' fhuair mi mo chànain
     o mo mhàthair ach bhuat;
don t-saoghal air fàire
     a tha gach uile duan.

MOTHER-SPEECH

I didn't get my tongue
          from my mother but from you:
the world on the horizon
          to which I dedicate each song.

Translated by Peter Mackay

SPEUR-SHEÒLADAIR, REUL-EÒLAICHE

Speur-sheòladair
reul-eòlaiche
a' dol air tòir na talmhainn

do chùrsaireachd
in utero
nach dèan an dùmhlachd tarraing

nad fhànas-long
ro ghràdhaichte
ri car a' mhuiltein calma

nas fheudailich'
na reul-bhadan
na geal-shruth nan speur farsaing.

Space Traveller

Space traveller, star gazer
making your way
in search of the Earth

your journey
in utero
defying gravity

turning a bold somersault
in your spaceship
so beloved

more precious
than the constellations
in all the stretch of the milky way.

Translated by Deborah Moffatt

'GHILLE BHIG...'

Ghille bhig
cha bu tric
a rinn mis'
   leithid gàir'

gus an robh
thus' an seo
cha b' eòl dhomh
   briseadh là

's tu, a leig
iolach bheag
falach-fead
   air mo sgàth,

na do dhùisg
casan rùisgt'
madainn ùr
   sa mhoch-thràith.

Little Boy

Little boy,
rare the time
I ever smiled
in such a way

and until
you arrived
little l knew
of the break of day,

and you, letting out
a wee cheer,
hide and seek
for my sake,

wide awake
your feet naked
early early
in the new day.

Translated by Deborah Moffatt

'Tha Gach Beathach, Fiù 's Na H-Eòin...'

Tha gach beathach, fiù 's na h-eòin
   leis a' cheòl bhinn anns gach craoibh,
a' cur fàilte ort, a mhic,
   on latha a bhrist do ghaoir.

Nach do chuir na dealain-dè
   còta na fèill' orra, chrath
iad an sgiathan òir', a luaidh,
   mar bhualadh aoibhneach nam bas.

Chrom na craobhan sìos gum faic
   iad thu nad laighe nad thàmh;
sgàile duilleig' air a' choit,
   meangan ga thoirt dhut mar ràmh.

Thogadh an guthan air fuinn
   nan seillean, gu cluinneadh duan
eunlaith na doire dhut fad
   latha is oidhche dhiom-buain.

Every Creature, Even The Birds

On the day your cry was first heard
every creature, even the birds
with their sweet song in every tree,
had a welcome for you.

The butterflies in their best party dress
fluttered their golden wings
like a joyful clapping of hands,
for you, my love.

The trees bent down over your cot to see
you lying there asleep, shading you
with their leaves, and offering a branch
to you as if it were an oar.

With the droning of the bees, all voices
were lifted in the groves, that the song
they sang for you would be forever
heard, by night and by day.

Translated by Deborah Moffatt

CRIATHAR-MEALA

Mar sheillean don fhlùr
a' sireadh neachtair
gheibh mi san fhaclair
      abairt ùr;

mar chrònan ciùin
bho bheachaibh meala
bidh mi a' deachdadh
      dàin dom rùn.

Cuirear briathar
tron a' chriathar
      gus an sil

feadh nan sreathan,
comhardaidh 's aicill
      thoraich: *mil*.

HONEY-COMB

As a bee seeking nectar
turns to a flower, I
for a new word turn
      to the dictionary

and softly humming
as the honey bee does
I will croon a poem
      to my love.

Through a fine sieve
the words will trickle
      until they flow,

a fertile stream of rhyme
in every line, sweet
      as honey.

Translated by Deborah Moffatt

UBHAL

Can a-rithist e, a mhic,
    agus e do chiad fhacal,
cluinneam air do theanga e,
    ainm a' mheasa as blasta:

ubhal. A dhà lide chruinn
    nam foghair fhuinn nad bheul-sa,
abair aon uair eile e,
    mar gur e briathar seunta

a bh' ann: *ubhal.* Gabh blas dheth
    's tu cho measail air, cumadh
do ghruaidh ruaidh, agus a dhath
    uaine air neo dearg: *ubhal.*

Rach don chraoibh airson am fear
    as milse, seirbh' a thogail
sìos, gabh do leòr, cuibhreann math
    dheth agus tu gad bhogadh

ann am brìgh nam faclan, sùgh
    na cainnt, an sùgradh taitneach,
sultmhor: *ubhal.* Coma leat,
    na toir aire do nathair

ann, na abradh nach ann dhut
    a tha gach fear dhiubh, furain
bhriathran, mheasan, fhuaimean gràidh,
    aicill as àille: *ubhal!*

APPLE

Say it again, son,
your first word, let me hear it
on your tongue,
the name of the most delicious fruit:

apple. The two short syllables
burbling like music in your mouth,
say it again, one more time,
as if it were a charm, an incantation:

apple. Take a bite, a taste,
you love it so, whether green
or red, and the shape of it
like your flushed cheeks: *apple*.

Go to the tree to pick
the one most sweet,
most tart, have your fill,
take more, immerse yourself

in the pith of the words,
the essence of the language,
the joyful play of it: *apple*.
Never mind the serpent;

don't let it be said that all of these
aren't meant for you, this abundance
of words, of fruit, the sounds of love,
this most beautiful rhyme: *apple!*

Translated by Deborah Moffatt

BLÀTH NA BEALTAINE

Sìn do làmh
gun glac thu blàth
na craoibhe àird'
     bàn-dearg, mìn

a thig am fàs
an earraich thràith
nach mair ach là
     mus searg i

(gach seillean làn
neactair is àis
mar bheachaibh àl
     na bàn-righinn)

is tu, a ghràidh,
le lasgan tlàth
is faite-gàir'
     nad gheal-rìbhinn.

Dèan dàil
gum breacadh sgàil
do bhathais bhàn
     clàr do leth-chinn

is i ri danns
am measg nan crann
air d' chraiceann anns
     a' ghàrradh bhinn

BELTANE BLOSSOM

Reach out your hand
to grasp the bracts
and the May bloom,
     dainty and pink,

this unfurling
early in spring
lasts just a day
     before fading:

each bee brimful,
nectareous,
the milk-heavy
     brood of a queen;

and you, my love,
with your shy smile
and gentle laugh
     in bright girlhood.

Linger for now
till a cloud flecks
your fair forehead
     your cheek's brilliance

till it dances
through leaves, branches,
dappling your skin,
     the singing grass;

gach duilleag gràis
cho maiseach dàn
air dath bu ghnàth
    do phlaide fight'

de chanach àis
na leabaidh bhlàith
gum faigh thu tàmh
    is cadal innt'.

Sìn do làmh
caileag as àill'
is tu aig bàrr
    mo ghàirdean fhìn

le teachd na ràith
a dh'fhalbh tràth
ge b' i a dh'fhàg
    blas meala dhith

fantainn san àil'
mar ghealladh fàis
san t-sneachda bhàn
    is beatha ùr-bhrist'

is gabh am blàth
a b' àill leat, ghràidh,
a nighean, fhlaith
    a' chrainn-sirist'.

Latha na Bealtaine 2018

each grace-filled lobe
bonny and bold
with tints and tones,
    blanket woven

from bogcotton,
bed of blossom,
where you'd find sleep
    and peace drop slow.

Reach out your hand
up in my arms
grasp bloom and bract,
    loveliest girl:

the coming time
that runs too soon,
leaves just the bare
    taste of itself

hanging in air,
a hint of growth
in the white snow,
    new-broken life;

take the most fair
blossom, my dear,
daughter, the flower
    of the cherry tree.

Beltane 2018

Translated by Peter Mackay

BEÀRNAIN-BHRÌDE

Thoiream flùr airson do chinn,
bheir mi dhutsa beàrnan-Brìd';

don chrùn agad mo ghuidhe
airson flùir bhig òr-bhuidhe.

As t-earrach tha iad cho pailt
ri flùr sam bith fon iarmailt,

far am bi aonan a' fàs
fàsaidh iad sa h-uile h-àit'.

'S ann mar sin a tha mo ghràdh
mar na flùraichean òrdha:

cumanta, ach chan ann lag
do na bheir, no gheibh, buidheag;

's ann le gràdh na h-ìghne big'
a tha an dìthean coisrigt',

an tairgseadh a bheir a' bhrìgh
do na bha roimhe dìblidh,

mar am flùr, no mar an dàn
's e cho gnàthach ri beàrnan

-Brìde dh'fhàsas mòr is àrd
am mac-meanmna an t-saobh-bhàird.

Mar sin, thar gach lus' sa lios,
bheir mi dha mo ghràdh dìleas,

DANDELIONS

I would give to you a flower,
a small golden flower to crown
your head: a dandelion
would be my desire.

As abundant in spring
as any flower under heaven,
the ubiquitous dandelion
grows where it will.

Like that golden flower,
my love is a simple thing,
common, but not without value
in the giving or the taking:

it is the love for a little girl
that consecrates the flower,
the act of offering that gives
substance to the insubstantial,

like the flower, or the poem
that grows as the dandelion does,
free and wild in the imagination
of the foolish Bard.

Over every flower in the garden,
I would give my enduring love
to the dandelion, and to that girl,
more beautiful than a poet's words,

don bheàrnan-Brìde is dhi
as àille na cainnt filidh,

a chionn 's nach eil gràdh cho mìn
na th' aig athair dha nighinn;

gur buidhe dhòmhsa fon ghrèin
mar òr-ghruagan m' eudail fhèin.

for there is no love finer
than that of a father for his daughter,
that in his life on earth he might know
as great a fortune as his darling's golden hair.

Translated by Deborah Moffatt

CUR NA PEITSEIGE

Là bha siud thug sinne spaid
mach leinn anns an dìle-bhàtht';

chuir mi còta umad, teann,
an t-uisge dòrtadh na dheann,

cas nam dhòrn is ùir fom chois;
bha a' mhire am follais

air d' aodann, faodail nad làimh.
Ghreimich thu meas cho làn sàimh

nach do dh'fhàs san dùthaich seo,
tìr na fuachd is a' ghlas-cheò,

ach an toradh a dh'abaich
fon ghrèin bhlàith mheadhan-tìrich

is a ghlac gathan na grèin'
òir' uile fo mhìn-chraiceann.

Bu dùil dhut gum fàsadh craobh
– trom le peitseagan ri taobh

nam feanntag, na dris-choille –
àrd an àite na droighne

is gum buaineamaid gach meas
dh'itheamaid nar toileachas.

Tillidh tu don àit' a chuir
sinn a' chlach a-steach fon ùir

PLANTING THE PEACH

That grey day we took a spade
out into the pouring rain:

I'd wrapped you in a coat, mud
underfoot, the sky in spate,

the spade-handle in my fist.
The delight was obvious

on your face as you clutched close
your find, so luxurious

it couldn't grow in this place,
this cold country of grey-mist.

A fruit that needs, to fatten,
Mediterranean sun,

to entrap golden sunbeams
under its unwrinkled cheek.

You dreamt of a sprouting tree
- plentiful and fruit-heavy

beside the nettle and rose,
arm-high above the brambles -

and that we would pluck each peach,
eat a mess of contentment.

Now you are back at the spot
where we deep-planted the pit,

an dùil gum faic thu an crann
a' fàs a' fàs bhod chuibhreann

ach tha mo shùilean ort fhèin
ghlac nad chridhe gathan grèin'

nas treasa na clach no cnò
a' fàs a' fàs bhon talamh seo.

expecting to see a shoot
growing growing from your lot

but my eyes are ripe with you
who've caught sunbeams in your heart:

no nut or stone so strong will
ever grow here, self-fulfilled.

Translated by Peter Mackay

Bho Dàin do Chlàrsaich

Kundiger böge die Zweige der Weiden,
wer die Wurzein der Weiden erfuhr.
RAINER MARIA RILKE

FROM POEMS TO A HARP

Kundiger böge die Zweige der Weiden,
wer die Wurzein der Weiden erfuhr.
RAINER MARIA RILKE

A' Chlàrsach Bhriste

Bhrist' a' chlàrsach,
sgrioste, sràcte;
nì mi càradh na mo làimh,

leis an sgrathal,
sgudal, trabhach,
ann am baga truagh mo cheàird;

le uèir ghathaich,
gainne fathaich
('s i tha tearc measg sluagh nam bàrd),

faide sreinge,
slabhraidh dreallaig',
càrnadh trealaich suarach tàir',

cuisle fala,
duilleach mara
dh'fhàgadh traoight' le àird' an làin,

cnagan cnàmha
chaill an craiceann
air an seargadh leis an spàirn.

Dèanam teannadh
taifeid bu treasa
fhreagradh don a' bheairt a b' fheàrr;

cuiream gleans air
com is amhach,
cnagan donn is crann nan làmh,

THE BROKEN HARP

The harp's broken,
ripped wide-open;
I'll repair it with my hands,

with the rubbish,
waste and rough trash,
from my sorry rattle-bag:

barbed wire fences,
lack of prudence
(it is rare among the bards),

a length of string,
the chains from swings,
heaps of worthless bric-a-brac,

a blood vessel,
and sea tangle
the neap-tide has left a-strand.

Let me tighten
strongest bowstrings,
so they answer my command,

lacquer the neck
polish the chest,
bridge pins and the tree-of-hands,

scrape corrosion,
ramp the tension
till it sings, high-pitched and fanged

curt' na teinne
dh'aindeoin meirge
chun na seirme gleadhraich àird',

fonn nach tachdte
bheirte aiste,
oirfeid gasta is ceòl-gàir'.

Bhrist' a' chlàrsach
's i a chreachadh
bu dìblidh is i na tàmh,

cruit a b' àille
nì mi càradh
le tàirgnean, locair, mìn-sàibh.

full-throttled tunes,
grace note-festooned,
laughing music, rich and grand.

The harp's broken
ruined, unwoken,
in silence it would be damned,

this superb lyre,
I will repair
with sawdust, nails, contraband.

Translated by Peter Mackay

GOLTRAIGHE, GEANTRAIGHE, SUANTRAIGHE

I

Nach brònach ceòl na clàrsaich
    's e fàiligeadh cho luath
's a bhios cruitear a' leigeil
    na teilge rinn e buain.

Às aonais tarraing bogha
    's gun anal onfhadh cuim
cha mhair aon ribheid sealach
    nach searg sa bhailbhe luim.

Ach tè mu seach gun tig iad
    nam fuinn mar shileadh dheur
a bhristeas air an ùrlar
    mar bhoinnean bùirn san fheur.

II.

An àiteigin sa chruit seo
    cho torach fuinn is seirm
tha binneas a nì suirghe
    le cridhe duin' nach meirg.

Lorg mi a-raoir e, am measg
    nan teudan tùirseach aost'
a chaidh a chur air mhire
    thar na shir cruitear faoin.

A chruiteag, gèill do cheòl dhomh,
    don gheantraigh' seo leam fhìn,
cuir fo gheasaibh mi, thoir dhi
    an t-seirm ud, foirfe, binn.

ADAGIO, ALLEGRO, NOCTURNE

I.

There's mourning to harp music
          because it fails the instant
the harper lets slip the strings
          his fingers had been plucking.

Without the drag of the bow
          or the deep breath of the chest
in the withering silence
          those fleet notes are set adrift:

alone they meander past
          in the music, dripping tears
that fall fat upon the ground -
          raindrops punctured by the grass.

II.

Somewhere within this harp's heft,
          among its enchanting tunes,
there's a music that sweet-talks
          any heart not decked in rust.

I found it last night hiding
          in the old and baleful strings:
it was ecstatic beyond
          a frivolous harper's wish.

Little harp, yield up your song,
          mirth-filled music just for me,
entrance me as you unfold
          a sweet, perfect melody.

III.

Suidh' leam gu dèan i tàladh
      clàrsach na h-oidhche sèimh'
a fonn mar fhuaran uisge
      's e a' tuiteam bhon teud.

Na dos-theudan a' bualadh
      le fuaim cridhe nad chom,
gliongan na feadhna caoile
      mar chloich air bàrr an lòin;

nach ann mar làimh a' chlàrsair
      tha mo làmh tro gach dual
is mac-talla nad chadal
      mar d' anail air do ghruaidh.

III.

Sit with me: the lullaby
      of the harp, gentle at night,
murmurs like spring-fresh water
      that slips out from mountain streams.

The bass strings roll and resound
      with the heart's pulse in your chest
the high strings tip, yip and cling
      like stones skimming on a pool.

My hand drifts like a harper's
      as it runs through every curl,
makes an echo in your sleep
      with your breath upon your cheek.

Translated by Peter Mackay

TEUD-BHUIDHE

Ge buidhe mar theud clàrsaich
      do ghruag-sa àlainn fhèin
san t-solas is i deàrrsadh
      le gathan blàth na grèin',

nan deach fuiltean a shìneadh
      air cruiteig dhìblidh bhochd,
's an àite bogha-fìdhle
      chleachdte do chìr gun lochd

a bheireadh oirfeid bhuaipe
      le dìreach aon chuaich mhìn
a thuiteadh mar do dhualain
      tro shreathan mo dhuain fhìn,

cha spiolainn i. A nighean,
      gum fàs gach ribeag donn
's nas doimhne mar as binne
      a bhios do chadal-fhonn.

Yellow Harp-String

So yellow like a harp's string
        is your own lovely hair
when it glistens in the light
        of a warming sun's rays;

if just one fine hair was stretched
        on a poor wretched harp
and no fiddle bow was used
        but your own faultless comb

that can raise a melody
        from just one gentle curl
and let it fall like your locks
        through the lines of my verse,

I wouldn't pluck it. O girl,
        that your hair may darken
and deepen, rich synaesthete,
        as your lullaby grows sweet.

Translated by Peter Mackay

CAILÍN DEAS CRÚITE NA MBÓ

Tha fonn nach seinn cruitear glic,
    ge binn e cha chluinnear guth;
mar chlàrsaich a sheinnte tric
    ach a-nis tha dìblidh, dubh.

Chuireadh mallachd air a' phort,
    fàsaidh goirt corragan làimh',
crìonaidh craiceann clàrsair bhochd,
    seargaidh a' cholann don chnàimh.

Bho àm gu àm èiridh fonn
    mar mhonmhar bho bhilean seact';
's ann a mhùchar e sa chom
    mus mothaicht' don cheòlan tachdt';

leughar e an cumadh beòil,
    mar cheilear eòin a chainnt bhalbh;
's e ùrnaigh a chaill a cheòl
    ach tha beò am measg nam marbh.

Seinneam e a bheir a ghràdh
    do gach rud tha cràidhte, truagh;
gabhaidh mi a' chruit nam làimh
    gun dèanadh mo thàladh luaidh

nach bacadh leis an droch shùil,
    a' mhì-rùn cha d' rinn e casg;
cluinnear an aghaidh nan dùl,
    cagar ciùil am measg nam fras.

CAILÍN DEAS CRÚITE NA MBÓ

No wise harper tries this tune:
        though its fair, it's never played
like a harp once full of life,
        now sunk in damp and decay.

The tune was terribly cursed -
        if someone dared to play it
their skin would blister and burst,
        their flesh emaciated.

Now if the tune risks escape
        like a murmur from bone lips,
it is stifled in the chest
        strangled, muffled, indistinct:

silent screech of a scarecrow,
        the starling's dumb dialect,
a prayer that's lost its music -
        it still lives among the dead.

Let me sing and bring its love
        to all things in shock, needy;
I'll take the harp in my hands,
        set amok this lullaby

that evil-eye can't hinder
        nor ill-will incarcerate;
let's hear - when least expected -
        this song whisper in the rain.

Translated by Peter Mackay

'CHAIDH TEUDAN MO CHLÀRSAICH A THOIRT BHUAIPE...'

Cad déarfa...dá scriosfainn an chláirseach?
NUALA NÍ DHOMHNAILL

Chaidh teudan mo chlàrsaich a thoirt bhuaipe
dh'fhàgadh mi gun phort no fonn no fuaim oirr'
is ged a bha mi balbh, na do chruaidheas
    dh'iarr thu uaim ceòl.

Thug mi sùil mun cuairt 'son rud a shìnte
eadar mo chnàmhan, gach ribeag dhìblidh
sreinge, fuil no feamad gus am fighte
    lìon le mo bhròn.

Thòisich mi gu teabadach gach taifeid
a chuir mi air a' chlàrsaich a tharraing
air ais 's a leigeil gun cluinninn faram
    a dhearbhadh mo bheò.

'S ann le spàirn a dh'fheuch mi air a gleusadh,
a' ridhleadh 's a' teannachadh nan teudan,
ach dh'fhàilig orr' an teinne a ghleidheadh
    – b' eu-chòrdach a glòir.

Bu tu...a thug dhomh na tàirngean
is am fiodh às an d' rinneadh a' chlàrsach
chaillte seo, mo mhallachd gum bu dàn dhomh
    a cràdh air mo mheòir.

THE STRINGS OF MY HARP HAD BEEN STRIPPED

Cad déarfa ... dá scriosfainn an chláirseach?
NUALA NÍ DHOMHNAILL

The strings of my harp had been stripped
left with no jigs, no strathspeys, no music,
and though I was struck dumb, in your malice
    you still asked me for a tune.

I looked around for something to stretch
between my bones, any wretched string
of hair, tat, seaweed I could stitch
    into a net of sadness.

Hesitant, I tried to pull back
each bowstring I'd put on my harp
to hear the clash of flat and sharp
    to prove I was still alive.

I struggled to get it in tune,
winding and tightening the strings,
but the tension wouldn't be sustained
    – its voice grated and jarred.

It was you ... who gave me the nails,
the wood that first had made this lost harp;
and now my curse forever to be fated:
    pain throbbing in my fingers.

Translated by Peter Mackay

SORAIDH SLÀN DON CHEÒL

Rinn mi m' obair fhèin le fèil is dìcheall
     is mi a' crùbadh air a' chlàrsaich mhòir
Chaidh mi tron an sgèil on ghleus a b' ìsle
     don a' phuing a b' àirde air an sgòr
Rinn an cromadh pèin cho geur is gum millte
     feachd mo dhroma 's neart mo ghàirdein deoth'
Ach bidh mi a' togail teud le meuran briste
     a thug mo ghràdh don chlàrsaich is don cheòl.

Thugadh dhomh am meud seo cèill gum fighte
     fuinn is facail ann am plaide chòir
Ach a-nis bu chòir dhomh a' ghrèis gu lèir fhilleadh
     umam fhèin mar anairt mharbh-bheò
Riumsa a chòrd an spèis a bheirinn dhìse,
     mo chùram agus m' fhaicill air a son
Nach bochd a thrèigeadh leis a' chèill na inntinn
     's an lùth a bh' aige air fhàgail gu deò!

B' eòl dhomh sgèimheachadh nam feadan dìblidh
     a' cur maise air gach barra lom
Mar cha mhòr le uèirean geur a bhite,
     bha na puirt a b' àille tachdte, trom.
B' e m' obair toirt air na ghlèidheadh èirigh a-rithist
     cur ciùil ri facail, facail ris gach fonn;
Thug mi mo cholann fhèin, ghèill mi mo chridhe
     gun dùil ri taing bho chàch, urram no bonn.

A-nis tha m' obair rèidh is thèid mo dhìteadh
     gu binn a chuirear air gach clàrsair beò:
A' coimhead air mo bheatha 's air an fhìrinn
     nach eil cumhachd an ealain fàgte dhomh
An companach don ghèill mi spèis is dìcheall,
     a' chruit àlainn cuirte ri tàmh rim bheò;

FAREWELL TO THE MUSIC

I did my work with generous care
    bent over the powerful harp,
Going from the lowest key in the scale
    to the highest, most luminous sharp.
The bending wrecked the curve of my back,
    pain sapped the strength from my wrists,
But I still plucked the strings with the broken fingers
    I gave willingly as a harpist.

I was granted wit to be able to knit
    tunes and words into a suitable plaid,
but now I must ruck this needlework
    round me like a living shroud;
I was glad to praise for the instrument's sake
    to give all my skill and endeavour,
but pity a man when his common-sense breaks
    and his mental strength leaves him forever.

I kent how to embellish the miserable pipes
    give grace to each bare high note
When as if they were played on razor wires
    the best tunes were heavy and choked.
My task was to fill songs with vigour and life
    fit tunes to words and words to airs;
Not wanting thanks or honour or praise
    I gave my body, my heart, with no care.

My work now done, I will be condemned
    as happens to all living harpers:
My life examined, the truth will be told,
    I've exhausted my musical powers;
The companion I gave my effort and glory,
    this fine harp now smothered in aspic,

Aig dol fodha na grèin' chan eil a dhìth oirr'
    ach mo dhùrachd is mo shoraidh slàn don cheòl.

when the sun goes down will need nothing more
than my good-wish, my farewell to the music.

Translated by Peter Mackay

'Na Cluinneam Nach Eil Subh-Làir…'

Na cluinneam nach eil subh-làir
     agad air fhàgail sa bhùth;
tha mo ghaol-sa gam feitheamh,
     na bris, a fhir-reic', a dùil –

thoiream bagaid dhiubh dhachaigh
     far an gabh sinn, fear mu seach,
ri ithe gach meas' milse,
     gu còrdadh rithe gach dearc,

(gus am fàg sinn an soitheach
     's e a' coimhead falamh, bàn,
gun ach duille na caithne
     a' rosadh fhathast sa chlàr.)

Mar sin, a dhuine fhialaidh,
     is math as fhiach iad a' phrìs;
na can rium nach eil cuibhreann,
     blasad suibh-làir dom ghaol fhìn!

AT THE FRUIT STALL

I will not hear
     there are no more strawberries;
my love is waiting for me,
     shopkeeper, do not disappoint her –

I would bring home a punnet
     so we can taste, one by one,
each sweet fruit,
     so each berry will please her

(and we will leave the plate
     bare, empty
strawberry stems
     scattered on the floorboards).

So, my good man,
     I would pay any price –
don't dare tell me there are
     no strawberries for my love!

Translated by Peter Mackay

Fèin-Dealbh Le Aibreig

…un pot amb confitures de préssecs o albercocs.
JOSEP CARNER

Nach bu mhoth' an tlachd aige
ag ithe na h-aibreige -

's aoibhinn dha am meas milis
thairis air gach anailis.

Bidh tè daonnan ga cnàmhach
leis an fhilidh neo-làmhach

a' cromadh air dàn sreathach,
torach, snadhach, ceilearach.

Nuair a bhitheas meas ithte
– a bhrìgh uile smuisichte –

togar fear ùr à cana
meirigeach a' mhic-meanmna

's cuirear na bheul gum pleasgadh
e, gach blas a' co-mheasgadh

ri chèile air a theanga;
sin an t-sult a b' fhallaine

(cha mhòr) a bh' aig' na bheatha -
a' cumadh na h-ealaine.

SELF-PORTRAIT WITH APRICOT

…un pot amb confitures de préssecs o albercocs.
JOSEP CARNER

It was always his favourite
the rich taste of apricot;

more pleasure in its sweetness
than any analysis.

The handless poet always
consumes them stalled in mid-phrase,

bent over souring verses:
warbling and full and luscious.

When a chunk has been finished,
the flesh dissolved, diminished,

more's left over in the can,
the rusty tin of fancy,

that will explode on the lips
each new flavour eclipsing

the last blast on his palate.
O the fullest, halest fat

he's ever got from a fruit -
the quickening tang of art.

Translated by Peter Mackay

71

'CRATH BOTAL ÒRDHA 'N T-SIABAINN...'

Crath botal òrdha 'n t-siabainn
    is a' ghrian a' deàrrsadh oirnn
is sèid! 'S brèagha gach builgean
    a thig na thuil dhathan. Thoir

dhomh cùbhraidheachd a' chèithe
    ghrèine mhilse, èigh is ruith
tron ghàrradh às dèidh planaid
    bhig, cus cabhaig' ort, a' cluich

aig cridhe rian na grèine
    agad fhèin. Tha gach tè dhiubh
fo bhuaidh aotruim na dùbhlachd
    's iad a' dlùthachadh gu ruig'

an gille ann am meadhan
    na reul-chuairt; 's e cruinne-cè
a th' annad, a mhic àlainn,
    's tu gam fhàgail na do dhèidh.

A Shake Of The Bottle

A shake of the golden bottle of soap,
the sun shining on us and – blow! –
the beautiful bubbles flow
in a flood of iridescence.

Give to me the fragrance
of the sweet sun-cream, scream
and run through the garden
– too fast! – after a tiny planet, playing

at the heart of your own solar system,
where all of the planets
hang suspended in the pull of gravity,
each one of them getting ever closer

to the boy in the middle of the orbit:
you, my beautiful young son, you
are the universe, and you, my son,
are leaving me behind.

Translated by Deborah Moffatt

'Is Aoibhinn Cumadh Nan Dàn...'

Is aoibhinn cumadh nan dàn
's e mo thlachd, mo thoil-inntinn,
ge b' oil leis an duilleig bhàin...

Nach suarach do dhuanag gràidh –
is truagh i agus dìblidh!
Is aoibhinn cumadh nan dàn...

Dè d' aotromachd ron a' chràdh,
ro làn-truimead na fìrinn'?
Ge b' oil leis an duilleig bhàin,

tha mi air mhire leis an spàirn...
A thruaghain, thruaghain fhilidh!
Is aoibhinn cumadh nan dàn...

Do cheilearadh na chùis-nàir'!
Bidh dàn agam dom rìbhinn
ge b' oil leis an duilleig bhàin.

Och, a-nis tha mi gun tàth,
's mi tha claoidhte, làn sgìthis.
Is aoibhinn cumadh nan dàn
ge b' oil leis an duilleig bhàin.

THE BLANK PAGE

It is pleasing to create a poem,
a delight for me, a great joy,
In spite of the blank page....

Pathetic, your little ditty of love,
so paltry, so trifling!
It is pleasing to create a poem....

Why such levity in the face of pain,
before the profundity of truth?
In spite of the blank page,

I am carried away with the struggle...
Oh, you poor wretch of a poet!
It is pleasing to compose a poem...

Your warbling is a disgrace!
But I will have a poem for my girl
in spite of the blank page.

Och, I'm exhausted now,
defeated, completely worn out.
It is pleasing to compose a poem
in spite of the blank page.

Translated by Deborah Moffatt

CRESCENDO FALSO

Nach sin an rud as duilghe:
      nuair a ruigeas tu deireadh
na mìr'; am bogh' a tharraing
      air ais, 'son ceann an t-sreatha,

gun chur ri neart an fhuaime
      'dh'aindeoin luathas do ghàirdein
's tomhas a' chiùil a mhilleadh
      nach till le pailteas spàirne.

CRESCENDO FALSO

Isn't it the hardest thing:
      when you have come to the end
of the phrase; to pull the bow
      back for the next line without

adding to the strength of sound,
      no matter how quick your arm:
the music's measure's ruined and
      all your graft is gone to waste.

Translated by Peter Mackay

'A Bheil Seachd Lide Gu Leòr…'

A bheil seachd lide gu leòr
       casg a chur air m' arraghlòir;
nach nochdadh ròlaist sam bith
       glacte na mo dheibhidhe?

An tèid agam air mo ghaol
       a chur ri sreathan ceòl-chaol
gach fear dhiubh na mhìr oirfeid,
       fonn nan teudan luath-airgid?

Na èisteadh a chaoidh ri beachd
       gearanach an luchd creimeachd;
sgathadh an teanga bhruidhneach
       le treise na cuimireachd!

Àireamh nam foghar sgèile,
       dhòigh seachnaidh na saoibh-chèille,
riaghail dhòmhsa mo cheathramh,
       fhaobhair-roinn gach agallaimh.

WILL SEVEN SYLLABLES SERVE

Will seven syllables serve
to snuff out my rhetoric
      so no exaggeration
      is trapped in my *deibhidhe*?

Have I the skill to entwine
love on lines of wisp-thin song
      fragments of flittering music
      and airs from quicksilver strings?

Heed no more the bland bitching,
the dull thoughts of carping men;
      their catty tongues will be clipped
      by my strict exactitude.

O notes, restrained by the scale,
bridle my false reasoning:
      I am ruled by the quatrain,
      my bared blade in each quarrel.

Translated by Peter Mackay

RID THAOBH AIG A' PHIÀNA, RAIBEIRT GARIOCH

Uaireannan agus mi a' tionndadh dhuilleagan
nan leabhraichean agad, bidh mi gam dhealbhachadh
rid thaobh aig a' phiàna, Raibeirt Garioch,

is tu a' cur do chiùil ri tost nam filmichean
ann an Dùn Èideann agus mi gad chuideachadh
leis an sgòr. Is an taigh-dhealbh ann an dorchadas,

leanaidh mise do làmhan thar nan nòtaichean:
C gu D gu E, F, gu G gu A gu B;
a' mothachadh do luathas is sgil do mheuran,

dod phongaileachd a' bruthadh air na h-iuchraichean
san aon dòigh leis na lidean anns na dàin agad.
Dhuinne, nach ann mar sin a bha ar cànainean,

's na dàin againn an aghaidh an tost mun cuairt oirnn?
Lìon thu sàmhchair do bhaile leis na loidhneachan
a chruthaich thu 's iad ceòlmhor agus coileanta.

Gach latha, is mi a' coiseachd air cabhsairean
a' bhaile ro bhrèagh' agad tha an cuimhneachan
don bhàrd a mhol thu fhèin gu clì, an luchd-turais

a' togail dhealbhan, tè dhiubh suas air a casan,
sìneadh a-mach gus pòg a chur air a bhilean,
a corp na sgàile den deilbh, an dithis aca

a' dèanamh cruth cridhe air a' Mhìle Rìoghail,
ar leam gun cluinn mi mac-talla nan sonaidean
a sgrìobh thu, is do dhàin do Raibeart Fearghasdan.

Beside You At The Piano, Robert Garioch

Sometimes, when I am turning the pages
of your books, I imagine myself with
you at the piano, Robert Garioch,

as you set music to the silent films
in Edinburgh, helping with the scores.
In the half darkness of the picture-house,

I follow your fingers across the notes:
C to D to E, F to G to A;
admiring the speed and skill of your hands,

your light precision while pressing the keys -
weighted like the syllables of your poems.
Was that not how our languages were,

poems fighting the silence around us?
You filled the city's stillness with the lines
you shaped, lines harmonious and finished.

When I walk the pavements of your lovely,
too beautiful town, I pass the statue
of your dool-rugged poet - tourists gathered

for photos, one of them tipped on her toes,
stretching up to place a kiss on his lips,
her body reflecting his, their slim forms

making a heart-shape on the Royal Mile -
and almost hear the ring of your sonnets,
the licht lament for Robert Fergusson.

Bha thu gun mhisneachd gun deigheadh na dàin agad
a chluinntinn sa bhaile far an do rinneadh iad,
ach chùm thusa a' dol, a' tionndadh fiodh do chainnt

a dh'aindeoin a thoil fhèin gu cruthan spaideil, ùr',
a' dèanamh ciùil far an robh dìreach falamhachd,
a chuir thu ris an fhilm dhubh is gheal mun cuairt ort.

Anns na làithean seo, tha na taighean-dhealbh air falbh,
na seòmraichean fàsail, na daoine air teicheadh,
chan eil duine an sin anns a' chathair agad

gus do cheòl mìorbhaileach a tharraing bhon inneal,
air a dhèanamh le fiodh marbh is teudan meatailt,
ach bha beò fo do làmhan mar gun robh e riamh.

Ach nam inntinn tha d' leabhar fhathast na àite,
dùinte aig a' phiàna mar a b' àbhaist dha,
a' feitheamh airson duine a bhios ga fhosgladh,

fear a leanas na loidhneachan a cruthaich thu,
tro gach di-shoineas don fhuasgladh làn a gheibh e,
an dùnadh coileanta sin a ruigeas do cheòl,

aig a' cheann-thall, aig loidhn' mu dheireadh do leabhair,
le co-sheirm a chluinneas sinn thar nam bliadhnaichean
's i a' fuaimneachadh tro shàmhchair is dorchadas.

You had little confidence that your words
would be heard in the town where they were made,
but kept on, turning the wood of your speech

against its own will into smart new shapes,
making music were there was emptiness,
quickening the black-and-white film you watched.

These days, the picture-houses are all gone,
the rooms desolate, audience dispersed,
no-one left to sit in your chair, drawing

miraculous music from the keys,
from the dead maple and the spring-steel strings,
no-one giving them the life that you used to.

But in my mind your book's still in its place,
closed, on the piano as it should be,
waiting for someone else to open it,

someone to follow the lines you had made,
through dissonance to full unravelling,
the perfect closure your music came to

in the end, in the last line of your book,
with a harmony we hear through the years,
echoing in the silence and darkness.

Translated by Peter Mackay

Eilean Hòmair

Nuair a bhios mi an seo 'g èisteachd ri fuaim na mara
's toil leam creidsinn gu bheil mo shùil air na dearbh reultan

a chunnaic Hòmar is e a' seinn mun t-seòladair aige
a chleachd iad gus a bhàt' a stiùireadh dha dhachaigh chaillte,

ach bha iad uile marbh bliadhnaichean mus do thòisich
cuairt Odùsseus bhon chogadh gu Itaca àlainn

is chan eil anns na reultan ach mac-talla an t-solais
a bha ac' o chionn fhada nuair a bha iad nan teine.

Ach leis nach eil dòigh eile gus am bàta a stiùireadh
agus sinne gun inneal, combaist, cairtean no mapa,

cleachdaidh sinn an solas seo bho lòchranan smàlte
thoireadh e sinn thar thonn fiadhaich gu ruig' ar ceann-uidhe.

HOMER'S ISLAND

When I am here, listening to the sound of the sea,
I like to believe that the stars that I see above me

are the same that Homer saw, when he sang
of an errant sailor guided homeward by the stars,

but those stars were already dead, long before
Ulysses began his journey from the war

to beautiful Ithaca, the stars only an echo
of the light that once burned in them.

And since we have no compass, no charts or maps,
no instruments to navigate or steer the boat,

we will use this light of long-extinguished stars
to guide us over the wild waves to our destination.

Translated by Deborah Moffatt

Penelope

Dh'fhighinn an sin air an là a' bheairt mhór, ach sgaoilinn as t-oidhche i
ODUSSEIA XIX

Shuidh mi fad trì bliadhna aig a' chuibhl'
a' figheadh anairt san cuirteadh an rìgh;
den chlòimh bu treas a rinn mi i, bu mhìn
a shìn mi air a' bheairt i lem làimh luim.
Rinn mi gach snàithlean fhuasgladh agus thuit
gu làr gach oidhche fuigheal m' obrach fhìn
don tug mi dìcheal agus gràdh bu bhinn'
na 'n gràdh ìghne thug mi do bhuill a' chuirp.

Chan ann don fhear a bhrist mo chridhe
no dha athair airson na ciste
a rinn mi gach lìn a chur trom làimh,

gach ribeag mar dhual leannain…
Na spìonaibh bhuam toradh m' ealain,
mo mhire gheal, mo thasgaidh, peacadh gràidh!

PENELOPE

I would weave there by day on the great loom, but unpick it by night
THE ODYSSEY XIX

I sat three, three long years at the wheel,
weaving a sheet to enshroud the king.
My bare hands spun – smooth, silk-thin –
the strongest, most contrary wool.
I opened and dropped each stitch, each swirl,
all those relentless hours of making,
all that love – sweeter, more painstaking
than my love, for his body, as a girl.

It was not for his father in his tomb
I bound each thread from my running loom
or for the man who broke my heart

that I wove those strands like a lover's hair…
Don't take my pure levity, my treasure,
the sin of love, the fruit of my art!

Translated by Peter Mackay

'NUAIR A BHA MIS' NAM BHALACH BEAG...'

Nuair a bha mis' nam bhalach beag
    sheinninn anns an eaglais, ghabh
mi laoidhean agus òrain guidh'
    'son nan daoin' a shuidh gu balbh

air mo bheulaibh. Thog mi mo ghuth
    an àirde, ga chur rin dùil
gun tigeadh maitheanas is deas
    -ghabhail, sìth, is beatha ùr.

Bha sùil gach ìomhaigh agus deilbh
    a' leantainn gach sreath', gach sailm
's an cluinneadh guth an t-seana-bhàird
    a' moladh 'Mhic, 'Mhàthar 's Ainm,

ach aon latha is mi a' fàs,
    streap don phuing a b' àird' den sgèil'
chaidh bacadh a chur air mo cheòl
    am meadhan òran na Fèill'.

Bhrist mo ghuth na sgealbaibh air làr
    na h-eaglaise, n' abhlan naomh
a thuit om bheul le reòthadh nàir'
    nach slànaicheadh adhradh daonn'.

Tog na mìrean sin suas is cuir
    iad ri chèil' na ghuth as còir
do dh'inbheach, an Comaoin nach brist'
    is cluinn a-rithist an ceòl.

When I Was A Little Boy

When I was a little boy
I would sing boldly in the church,
offering hymns and songs of praise
to the people sitting in silence

before me. At the top of my voice
I sang, with the expectation
that forgiveness and ascension,
peace, and resurrection, would follow.

The eyes in every statue and painting
followed every line, every psalm, wherein
the voice of the ancient bard could be heard,
praising His Son, His Mother and His Name,

until one day when I, still a growing boy,
reached for the highest note in the scale
and my voice faltered, broke, half-way
through the song of the Feast Day,

falling in shards upon the floor
of the church, a Holy Host tumbling
from my mouth with an icy shame
that no human prayer would heal.

Take those fragments from the floor,
put them together in a voice that belongs
to a grown man, and in unbroken Communion
let the music be heard once more.

Translated by Deborah Moffatt

AN SPIDEAL DOILEIGE

Aig bun a' phris tha doileag
    bhrist' a thugadh dhomh nam òg;
chaill e putan na sùla,
    a chas chlì rùisgte, gun bhròg;

tha chlòimh a chùm a bhodhaig
    dìreach air a dhol air sgaoil,
an toll na shlios ga reubadh,
    air aon ghruaidh, seann deur a' ghaoil;

is fhada o tha aodach
    air a dhath 's a chaodh a chall;
ghilleagain dhìblidh m' òige
    is tu briste, breòite, dall.

Thoir a-mach iad, gach uile
    liùdhag agus duine bochd
is thoir iad 'nall gu spideal
    doileige briste nan lochd,

far an càirich na fògraich
    cridh' gach pàiste 's deòir na shùil
le snàthainn agus snàthad,
    gum figheadh iad cràdh nan dùl;

gum faigheadh còta spaideil,
    cneapan ùr' gum faic e gàir'
air aodann pàiste òige
    is an àit' a' bhròin, an gràdh.

THE DOLL HOSPITAL

At the bottom of the cupboard
there lies a broken doll, given to me
when I was young, his button eyes
missing, his left foot shoeless, bare,

the feathers that kept his body straight
and firm leaking from a hole in his leg,
and on one cheek the small stain
of an old affectionate teardrop.

His clothing has lost its shine,
the colours long since lost,
wee scruffy doll of my childhood,
so broken, battered, blind.

Bring them all out of the cupboard,
every poor ragged one of them,
and take them in all their blight
to the hospital for broken dolls

where the exile will dry the tears
and mend the heart of a child,
and with needle and thread repair
the pain of the neglected dolls;

let them have smart coats to wear,
and bright new button eyes to see
the smile on the face of a child,
and find, instead of sorrow, love.

Translated by Deborah Moffatt

Falach-Fead

Là bha siud bha mi a' cluich
    le ball a-muigh air an t-sràid
leis na gillean eile nuair,
    gu h-obann, ghluais duine àrd

a-steach bho ionad às còir,
    le gunna mòr dubh na làimh
gus an gabhadh esan breab.
    Bha e a' streap suas don àit'

pheanas a ghabhail ach leig
    mo ghranaidh fead 's i gam ghairm
a-steach don taigh is air falbh
    anns a' bhad bho fhear an airm.

Dh'fhalaich mi mi fhìn air cùl
    an t-sòfa, mo shùilean glact'
air a' bhulaidh mhòr a thug
    oirnn uile ar gèam a stad.

Cha robh fios agam gun robh
    fear tron ath-dhoras a' cur
a gheugan air – ach a chuims'
    b' ann nam dhruim dheigheadh a' bhuill';

chan fhaca mi ach fear mòr
    a thug ar cuid spòrs gu crìch,
chan fhaca an gille beag
    làn eagail, coltach rium fhìn.

HIDE AND SEEK

One day I was out in the street
playing ball with the other boys
when all of a sudden
a big tall man

with a big black gun in his hand
comes in from out of bounds,
climbing up to the penalty area
to take a kick at the ball,

but my gran let out a whistle
and called to me to get inside,
quick as you can, away
from the man with the gun.

In the house I hid myself
behind the sofa, peeking out,
my eyes fixed on the big bully
who made us stop our game.

I didn't know there was a man next door
with his sights on the bully with the gun,
and if that man's aim wasn't good
I might have had a bullet in my back.

All I saw was a big man
who put an end to our fun,
and didn't see the little boy out there,
full of fear, just like me.

Translated by Deborah Moffatt

CEANN-TIGHEARNA

*Quo circa sedit animo et utroque libello materiam collectam
redintegrando sarcire; et juxta modulum meum, et preceptum
vestrum, barbarice exarata Romano sale condire.*
JOCELYN, VITA KENTIGERNI

KENTIGERN

*Quo circa sedit animo et utroque libello materiam collectam
redintegrando sarcire; et juxta modulum meum, et preceptum
vestrum, barbarice exarata Romano sale condire.*
JOCELYN, VITA KENTIGERNI

TENEU

Gràin m' athar a' glaodhadh na mo chluais
dh'fhàgadh mi nam shuain aig bonn a' chnuic,
mo chraiceann brùite air feadh mo chuirp;
dhùisg mi ann an currach air a' chuan.
Dhùisg an leanabh nam bhroinn, dh'fhalbh m' fhèin-truas
is ghabh mi truas ris — mac rìgh a thuit
còmhla ri mhàthair bho cheann an uillt
ach tha beò a-nis air a' mhuir bhuain.

Cha ghabh mi tuilleadh ri rìghrean
nach do rinn a-riamh ach milleadh
ach an gille seo. Togaidh e Glaschu;

canaidh mise ri mo mhac-sa
Ceann-tighearna, leig leò cantainn
'm' eudail' ris, nan cànain ghallda: *Mungo*.

Teneu

My father's curses echoing in my ears
I'd have been left sleeping at the foot of the cliff,
my body broken, my skin burst.
But instead I woke in a coracle on the sea,
and the child woke inside me. My self-pity
ebbed, and I pitied him: the son of a king
who fell with his mother from the head of the stream
to live now on the limitless ocean.

I'll have no more to do with kings,
who never made anything but carnage,
except for this boy. He will build Glasgow.

I will call my son My Lord
but let them in their foreign tongue
call him My Darling: *Mungo*.

Translated by Peter Mackay

SCOTTISH NATIONAL DICTIONARY

I.

Owing to the influx of Irish and foreign immigrants in the industrial area near Glasgow the dialect has become hopelessly corrupt.
BHO RO-RÀDH AN FHACLAIR, 1931

Rinn iad an trusadh anns gach clachan
briathran glan an achaidh is an tiùrr;
sgrìob iad air falbh salann agus ùir,
gan sgùradh, rèidh airson an fhaclair.
Dh'fhàgadh cainnt Ghlaschu anns na claisean
is i saillte le blas coimheach, ùr:
foghairean Thir Chonaill, smùid
nan taighean-ceàird, ùrnaighean gallda.

Dh'fhàgadh iad gun chomas labhairt,
seachranaich gun ghuth no dachaigh
is an cainnt ro bhorb 'son a' chlòth'

a dh'fhigheadh le luchd an fhaclair;
chòmhdach dùint' do mhuinntir Ghlaschu,
am blas searbh ag èirigh mar an ceò.

Scottish National Dictionary

I.

Owing to the influx of Irish and foreign immigrants in the industrial area near
Glasgow the dialect has become hopelessly corrupt.
    FROM THE DICTIONARY'S INTRODUCTION, 1931

From every village, from every field and every shore,
they gathered the words, scraped the earth and salt
from them, polished them and placed them
in perfect order for their dictionary,
but left the Glasgow dialect in the gutters,
with its strange sounds and unfamiliar phrases,
a vocabulary of smoky factories and alien prayers,
a language of migration from the hills of Donegal,

and left the people without the power of speech,
poor wanderers without a voice, without a home,
their language too brutish for the fine fabric of words

that the compilers of the dictionary had woven,
its cover closed to the people of Glasgow, a reek
of bitterness lingering like the smoke in the sky above.

II.

Conradh na Gaeilge Glaschú 1895-2020

Ach lìon Eideard Dwelly gach duilleag
de fhaclair-san, na aibideil chraoibh',
le faclan a chluinnte air gach taobh
Shruth na Maoile 's a thug gu cuimhne
nam fògarrach na dh'fhàg iad – duilleach
nan crann-daraich, fuinn nan òran caomh',
ceòl binn nan eun anns a' choille chaoil
– 's a shaoil iad nach cluinnte leò tuilleadh.

Ach cluinnear fhathast i an Cnoc a' Ghobhainn,
a' cothlamadh nan connrag is nam foghar
le cainnt choigrich nan Innseachan air gach sràid;

agus am beul nam pàistean tha an teanga
nach d' fhuair bàs an achlais a peathar
ach tha beò am measg nan geugan seo fo bhlàth.

II. ALPHABET OF TREES

Conradh na Gaeilge Glaschú 1895-2020

But Edward Dwelly persevered, filled
every page of his dictionary – the leaves
of this alphabet of trees – with words heard
still on both sides of the Sea of Moyle, words
that brought memories to mind, of melodies
of songs, of leafy oaks, of the sweet singing
of birds in a wood, words the Irish in exile
feared they would never hear again.

Yet still in Govanhill these words are heard
on every street, their consonants and vowels
mingling with the foreign languages of India,

and on the tongues of the children, the language
that didn't die in her sister's arms is still alive
amidst the branches of this flourishing tree.

Translated by Deborah Moffatt

FÀILTE SHEARBHAIN

Amharc, mar bu dual, ris na beachaibh,
mhothaich mi dhi na laigse sa ràth.
Shlaod mi an currach suas air an tràigh
's le cràdh nam dhruim thug mi i dhachaigh.
Mìorbhail! Chuir i car anns an leabaidh,
dh'fhairich mi a h-anail air mo làimh,
an tè a bha marbh, dh'èigheadh càch,
is a b' fheàrr fhàgail air a' chladach.

Shaoil mi gum bu fhlath i, crùn feamad
air a ceann. Dh'innis i dhomh mun leanabh,
agus gheall mi gun toirinn mo ghràdh,

don phàiste a thàinig air seachran
ann am bàta truagh 's e gun athair,
gun òr no airgead, gun seòl, gun ràmh.

ST SERBÁN'S WELCOME

Looking, as was my custom, at the bees,
I noticed her floating unconscious on her raft.
I pulled the craft up on the beach
and, with an ache in my back, carried her home.
A miracle! She stirred in the bed,
and I felt her breath on my hand –
one who was dead, some whispered,
who should have been left in the sands –

but I deemed her noble, with a crown of kelp
on her head. She told me about her child:
and I promised I'd give my love unfailing

to the boy that came wandering
in a poor boat, with no father,
no gold or silver, no oars, no sail.

Translated by Peter Mackay

AINMEANNAN

Rinn mo shìn-sheanmhair a h-ainm a thrèigsinn
mar lèin' a ghreimich i oirre aig muir;
dh'fhàgadh i leatha aig oir an uisg'
is phaisg i tè ùr uimp' aig cùl a' chèithe.
Dhìse bha a seann ainm na bhrèide
a nochd gum bu chèin-tìreach i, is thuig
srainnsearan gum bu chiall dhi an luim',
a' bhochdainn, duileachd, creideamh brèige.

Is, mar sin, an àite *Mhaolchathaigh*,
b' ainm do mo sheanmhair MacAoidh,
a dh'èigheadh rithe ann an Gort a' Bhaile;

is umam fhèin tha h-ainm-brèige paisgte
mar bhrèide nach caill a dath a-chaoidh
sgolt' le uisge saillt' nan deur 's na mara.

NAMES

My great-grandmother abandoned her name,
along with the shirt she had clung to at sea
and left behind at the waterside, changing
old for new at the back of the quay.
Like the kerchief she wore to cover her hair
her old name was to her an embarrassment,
her foreign birth exposed, taken by others
as a sign of poverty, ignorance, apostasy.

And so in the streets of the Gorbals
instead of Mulcahy it was Mackay
that her daughter was called,

and that false name is now mine, part of me,
like an old kerchief that has never faded,
rinsed clean by the salty tears of the sea.

Translated by Deborah Moffatt

HIELANMAN'S UMBRELLA

Rinn mo mhàthair còta fighte
den a' chlòimh bu bhinne dreach;
rinn e m' fhasgadh-sa bhon t-sneachd,
clachan-meallain, frasan flinne.
Ach, mar a leigeas eun ite,
thug mi e do dhìtheach seact'
na laighe a' crith 's a' crath
a phasgadh uime san dìle.

A-nis, ged bheireadh orm fuachd,
cuimhnicheam am bodach truagh,
mu a ghualaibh an còta naomh,

agus gun robh sinne bochd
nar còtaichean loithreach, stroict',
fon drochaid, mac is màthair, taobh ri taobh.

HIELANMAN'S UMBRELLA

My mother knitted a coat for me, made
of the finest woollen cloth,
to protect me from every kind of weather,
rain or snow, sleet or hail,
but as a bird sheds his feathers, I gave
that coat to a poor vagrant,
a withered old man, shivering, shaking,
alone in the pouring rain.

Now though it chills me, let me not forget
that poor old beggar, alone in the cold,
that magical coat about his shoulders,

the two of us, just as poor, huddled
side by side in our torn and tattered coats
beneath the bridge, mother and son together.

Translated by Deborah Moffatt

BEURLA NAN CEÀRD

Bha Beurla nan Ceàrd air bilean m' òige,
cainnt a *chore* sinn bho mhuinntir na fèille,
a chleachdadh leotha eadar a chèile
am falach fhèin bho amharc *shan* a' mhòr-shluaigh;
ach thogadh i gun fhiosta leis an òigridh
a chuir *panny* air an abhainn èitigh,
raj air fearg, *yag* air teine a dh'èirich
air ar teagannan, facal-stòras

a dh'aithnichear an-diugh an Ужгород
am Pavloce is an Cnoc a' Ghobhainn
don tàinig mo theaghlach aig am *An Ghorta Mhóir*;

mar a thàinig iomadh sluagh thar sàile
nach gabh rìomhadh le meud nan àireamh
cluinnt' air sràidean Ghlaschu is Lahore.

chore: goid; *shan*: tàireil; *panny*: uisge; *raj*: feargach; *yag*: teine.

The Travellers' Language

The jargon of the Travellers was on our lips
when I was young, words we stole from
the people who came with the shows,
words they used to keep a distance
from the scornful glances of the locals,
words we picked up inadvertently, learning
to say *panny* for the dark river, *raj* for anger,
yag for the fire rising from our tongues,

a wealth of words that would be known today
in Uzhhorod, in Pavloce, and in Govanhill
where my family found a new home

after the famine, among the countless others
who brought the trove of words still heard
in busy streets from Glasgow to Lahore.

Translated by Deborah Moffatt

A' Pheiteag Fhlann-Bhuidhe

Chunnaic mi na pheiteig fhlann-bhuidhe
fear na shuidhe air an staidhre 's chuala,
nas gile na gile a chlogaid cruaidhe,
fonn ga chluich gu suarach air a' chuisle,
deiseil 'son na caismeachd far an cluinnte
e an cuisleanachd a bhràithrean buaidhmhor
a' marsail air Sràid Earra-Ghàidheal an guailibh
a chèile, gach uasal na pheiteig fhuiltich.

Cha mhòr nach d' rinn mi stad is moladh
air, ceòladair eile aig fosadh obrach
a' foghlam fuinn airson a' chòmhlain-chiùil,

is mi air mo dhòigh nach fear na deise
a bh' ann ach clachair na pheiteig
àrd-fhaicsinnich a' lasradh na mo shùil.

110

THE BLOOD-YELLOW VEST

There was a man sat on the stairs,
his hard wee hat whiter than white,
playing some tune weakly on the flute,
in a bloody-yellow vest, devil-may-care,
as if ready for the march, the drum-step
and parade the length of Argyle Street,
victorious brethren in oxters, the beat
of hand-me-down nobles in bloody vests.

I almost stopped and applauded his spunk,
another musician on a bunk
from work, learning a band-tune on the fly,

just glad it wasn't after all a man
in a suit but a stonemason
whose hi-vis flared in my eyes.

Translated by Peter Mackay

An T-Eun Nach D' Rinn Sgèith

Laigh an t-eun gun ghluasad air an làr.
Thàinig iad nan gràisg: 'Is ann a dh'eug
brù-dhearg, mharbh *esan* e', 'n gille sèimh
a rinn iad a thrèigsinn mar bu ghnàth.
Cha tug e an aire ach, le gràdh,
rinn e nead le làmhan agus shèid
anail shocair, thlàth air a dà sgèith
sgaoileadh beatha feadh gach ite 's cnàmh'.

Dh'fhan i tiotan air a bhois
a' ceilearadh air leth-chois
mus do thog i oirre tron an sgleò.

Theich a threud ach cha do chlisg
an gille le làmhan brisg',
cluas sa lios ri bualadh sgèith an eòin.

THE BIRD THAT NEVER FLEW

The bird lies stock-still on the ground.
The gang moves in: 'the robin's deid –
he kilt him'. The quiet boy is betrayed,
as happens when stuff goes down,
but he pays no heed and lovingly
makes a nest with his hands and blows
soft, warm breath into her bones,
her feathers, and fills her wings with life.

She hovers an instant on his palms
on one leg, singing,
then takes off into the dark.

Everyone else long gone, the boy still cups his hands
and, unflinching,
listens for a wingbeat in the yard.

Translated by Peter Mackay

FEAR A' PHIÀNA AIG GLASCHU MHEADHAIN

Nuair a thàinig mi bha e na thàmh.
Bhris mi an sàmhchar balbh leis a' cheòl.
Chlisg na bha dol seachad: 'Cò tha seo,'
ars' iad, 'gar bodhradh le ghleadhradh àrd?'
Lean mi orm ge b' oil leotha ach dh'fhàs
na bha an làthair is rinn an glòr
is an caithream fuaim a bha cho mòr
's nach cluinnte gnòst na trèan' air a' chlàr.

Cò chluicheadh e ach mise?
Ur nàire gum fàgadh e na thost.
Coma leam coire no bualadh bois'.

A' phiàna chaoimh, cha mhiste
thu beantainn mo làmhan 's iad a' ruith
thar gach iuchrach gil', gach iuchrach duibh'.

THE PIANIST AT GLASGOW CENTRAL

When I sat down to give you back your voice
it was to break the silence of your muse.
The first passers-by complained, 'Who are you
to deafen us with this ungainly noise?'
I ignored these petty jibes behind my back
for others came thirsty as for rain after drought;
a growing crowd whose clapping and shouts
drowned out the daily grunt of trains on tracks.

Who would play on this day if not for me?
A shame on all those who've kept you mute.
No strict censure would make me follow suit.

Listen piano to all that you can be,
as with the freeing touch of human hand
every key is released to make its stand.

Translated by Jim Carruth with the author

Votum Kentigerni

Bhon a dh'fhàilig an toradh,
an sìol bochd is ainneamh,
cuireamaidne gainmheach
a bheireas pailteas foghair;
gum fàsadh na crainn choincreit
nan doire air talamh
a chuireadh le salann
a mhathaich an ùir fodhainn.

A' ghainmheach mhìn a chruinnich sinn
a dh'fhalbhas, a' tuiteam uainn
mar chuimhne, fàsadh i a-rithist;

gum b' e toradh ar talmhainn-ne
air bruaich Chluaidh bheannaichte
baile nan naomh is nam filidh.

Votum Kentigerni

The crop is a disaster
the seed was wretched and scarce.
For a bountiful harvest
let us sow sand and sow grace.
That the concrete cranes might grow
to a sheltering oak wood
from soil we have enlivened
with salt scattered underfoot.

This fine sand that we assembled
will fritter away from our hands
like memories, but grow again.

O let the reaping of our land
on the Clyde's broad banks be blessed:
a city of saints and poets.

Translated by Peter Mackay

Fàgail Chnoc A' Ghobhainn

Deich bliadhna o thàinig mi gus fuireach
thionndaidh mi an iuchair anns a' ghlais
chuir mi cùl ri doras, thog mi cas
is dh'fhalbh mi, pasgadh mo chòta umam.
Bhreac solas an fhoghair air an duilleach,
mo chuimhne air a' ghille bh' annam, fad
air falbh bhuam a-nis, liath nam fhalt,
am balach a tha a-nis na dhuine.

Agus, le sin, bha mi nas aotruim'
gach cuimhn' a bh' agam air caochladh
dreach, a' cur m' aodainn ri rudan ùra;

mar gun robh an taigh na mhàlaid
fàgt' aig oir an rathaid do chàch, neo
leabhar bàrdachd is a chòmhdach dùinte.

26 den Chèitean-31 den Dùbhlachd 2019

LEAVING GOVANHILL

Ten years after coming here to stay,
I turned the key in the lock and my back
to the door, lifted my feet and walked away,
with my warm winter coat wrapped about me.
A low sun dappled the fading autumn leaves,
and I remembered the youth that I once was
all those years ago, that boy now this man,
his dark hair dappled with streaks of grey.

My spirits rose as I turned my face
from the old to the new, saw my memories
changing shape, the future replacing the past,

and I imagined the house as a suitcase, left
beside the road for others to find, or as a book
completed, its covers closed after the final poem.

Translated by Deborah Moffatt

DUILLEAG

Dhuilleag, dè an teachdaireachd
a th' agad dhuinn an-diugh?

> 'S e gun tàinig foghar oirnn
> 's gun deach na craobhan ruadh.

Dhuilleag, dè do chòta ùr
is tu cho spaideil ann?

> Sin am fear as annsa leam
> a mhìnicheas an t-àm.

THE LEAF

Leaf, what could be the tidings
you have to deliver?

> *That harvest is upon us;*
> *the blushing trees quiver.*

Leaf, this new and gaudy coat,
what could be its reason?

> *My most beloved old cloak,*
> *it chimes in the seasons.*

Translated by Claire O'Gallagher

'CHA MHOR GUM FAC' MI RIAMH ÀIT' CHO ÀLAINN…'

Cha mhòr gum fac' mi riamh àit' cho àlainn
ris a' bhaile seo tro mhìosan a' gheamhraidh
a' ghrian fhann a' gleansadh air an fheadhainn
a bhios a' coiseachd còmhla tro na sràidean,
clachan nan togalach uile a' deàrrsadh
nas gèire 's nas soilleire nan samhradh
solas nan làithean fuara a' dannsadh
tro bhoinnean sneachda 'n crochadh anns an àile.

Gach madainn nuair a bhios mi a' coiseachd
gu pàrlamaid sìos a' Mhìle Rìoghail
chì mi a bhòidhchead boillsgeadh bho gach oisean,

àilleachd glacte fo ghathan na grèine,
an sealladh uile reòthte ann an ìomhaigh
den bhaile air nach eil mo ghaol: *Dùn Èideann*.

I'VE HARDLY EVER SEEN A PLACE SO LOVELY

I've hardly ever seen a place so lovely
as this town throughout the winter months:
the weak sun shining on people
walking together through the streets,
the stones of the buildings all dazzling
more sharply and brightly than in summer,
the light of the cold days dancing
through the snow drops hanging in the air.

Each morning when I'm walking
to parliament down the Royal Mile
I see the beauty glittering from each nook,

beauty trapped under the beams of the sun,
the sight utterly frozen in the image
of the city I do not love: *Edinburgh*.

Translated by Peter Mackay

GRAFITTI

’Eil cuimhn’ a’d air na làithean nuair a choisich
sinne còmhla tro chabhsairean a’ bhaile,
gabhail cofaidh aig gach bùth air an t-slighe

leis nach robh àite eile airson suidhe?
Bha na h-oidhcheannan beò le gealladh fàsmhor,
gealladh mhadainnean brèagha, ùra, soilleir,

ach bha dragh oirnn gun cuireadh gath na grèine
sgaradh eadarainn. Trobhad leam tro Ghlaschu,
an grafitti comharrachadh gach àite

far an robh sinn ri guil, ri gràdh ’s ri gàire:
’s math leam am baile seo, na sràidean farsaing,
agus eachdraidh ar gaoil sgrìobht’ air gach balla.

GRAFITTI

Do you remember the days
we'd walk through the city,
buying coffee at each place we passed

because there was nowhere else to sit?
The nights glittered with promises
of bright mornings we'd spend together,

but still we feared the sun: we stayed close
in case it separated us with its rays.
Come with me now through Glasgow,

graffiti marking each place we stopped
to cry with love and laughter. I adore this city.
Its wide streets and its history
of our love written on every wall.

Translated by Garry MacKenzie

'BHRUADAIR MI LEAT A-RAOIR ...'

Bhruadair mi leat a-raoir (mar a their iad
ann an Catalunya, a rèir m' fhaclair),
chan ann ort, no mud dheidhinn, ged a bha iad
uile fìor aig deireadh oidhche eile,
ach leat. Às dèidh mar a rinn sinn feise
chruthaich sinn saoghal eile 's sinn nar cadal
far an deach sinn còmhla agus m' anail
air d' amhaich, do chìoch fo mo làimh dheis.

Is tu, a chiall, subsaig gach gnìomhair
a sgrìobhas mi, is tusa brìgh gach dàin,
mìneachadh gach seantans is gach briathair,

as bith a bheil e fireann air neo boireann,
na mo bhruadair, far a bheil a-mhàin
ar gaol agus a ghràmar coileanta.

126

I DREAMT WITH YOU LAST NIGHT

I dreamt with you last night (as they say
in Catalunya, according to my dictionary),
not of you, or about you, although they
were all true by the end of another night,
but with you. After we had sex
we made another world in our sleep,
where we went together, my breath
on your neck, my right hand on your breast.

You, my love, are the subject of each verb
I write, the substance of each poem,
the meaning of each sentence and word,

whether it is masculine or feminine
in my dream, where there is only
our love and grammar perfected.

Translated by Peter Mackay

'MAR SHEANN BHÀIRD NAN GÀIDHEAL RINN MI DÀN...'

Mar sheann bhàird nan Gàidheal rinn mi dàn
nam leabaidh leat a-raoir. Thog ar gaol
gach lide dheth; chuir sinn iad taobh ri taobh
's a h-uile rann a' daingneachadh le àgh.
Chaidh gach fuaim a chruthachadh le gràdh
is aicill eadar gach gluasad caomh
a rinn an dithis againn agus gaoir
ar sunndain a' dèanamh comhardaidh làin.

Dhùisg mi ann an ciaradh na maidne
is tusa na do chadal, sàmhach, ciùin;
nam chluais bha mac-talla an dàin againne

ri chluinntinn is gach uile facal dheth
a' seinn a' mhiann a th' agam dhut, a rùin,
is ar tlachd a' riaghladh meadrachd gach sreath'.

128

Like A Gaelic Bard Of Old I Made A Poem

Like a Gaelic bard of old I made a poem
in bed with you last night. Our love formed
each syllable; we put them side by side
and confirmed each quatrain with joy.
Each sound was created with love
with *aicill* between each tender movement
of the pair of us, the throbbing
of our delight making a perfect rhyme.

I woke in the morning dusk
with you still asleep, peaceful, calm;
in my ear I could hear the echo of our poem,

with each word singing the longing
I have for you, my dear, and our pleasure
ruling the metre of every line.

Translated by Peter Mackay

LÌNEAN-NIGHE

Air gach lìn tha na lèintean
      ri chèile. Tha na Ceiltich
is *Dún na nGall* an crochadh,
      ball-coise agus cleasachd

Ghàidhealach, aig an leth-chrann.
      Tha iad ann, mar na brataich
air na bàtaichean brònach
      a sheòladh thar na mara,

mar gum bitheadh na daoine
      air an t-aodach ac' fhàgail
nan dèidh. B' iad an luchd-nighe,
      na figheadairean làmhach,

b' iad a chrochadh an lìnean,
      a shìneadh iad a-rithist
eadar ballaichean ùra,
      neart nan dùl is na dìleann

truim' nan siantan gan sgiùrsadh.
      B' iad cop a' bhùirn a bhuaileadh
gach seachdain air a' chladach
      nach do ghlanadh na cuantan.

Bheirinn mo lèine uaine
      's gheal bhuam is a toirt thuca,
ach a dh'aindeoin gach ceangail
      a th' eadarainn, chan urrainn.

WASHING LINES

On every line there are shirts
      beside each other. *Celtic*
and *Dùn nan Gall* hanging,
      football and Gaelic

games, at half-mast.
      There they are, like
the flags on the mourning ships
      sailing over the seas,

as if the people had
      left their clothes
behind them. It was the washer-folk,
      the hand weavers,

it was them who hung these lines,
      who stretched them again
between new walls,
      the elements and the floods

in heavy squalls scourging them.
      It was the foam of the water
that hit them each week on these shores
      the ocean did not clean.

I'd take off my green
      and white shirt to give it them,
but despite each link there is
      between us, I can't.

Translated by Peter Mackay

SREATHAN

Dh'fhàg na thàinig romham
    slighean anns an àil,
cur nan rathad-iarainn
    a' fiaradh tron chnàimh.

Thogadh iad gach aonaig
    a thugadh air druim
a' taomadh a' bhealaich
    le neart na làimh' luim'.

Cuirp briste le truime
    theannadairean dùr'
cosnadh truagh an spàirne
    gach là anns an ùir.

Cha chluinnear guth orra
    thar gleadhar na cuibhl',
tàirneanach na loinid
    a' dol na deann-ruith.

Cuimhnicheam le faclan
    a shlaodadh bhon chrè
fir an aodaich shalaich,
    spaide 's teanga gèir',

seasamh air na fòidean
    a tha 'nis fom chois
a' togail nan clachan
    gun fhasgadh no fois,

THOSE WHO CAME BEFORE ME

Those who came before me
left their mark in the rock
where now the iron road curves
through the stony field.

They carried every boulder
on their backs,
cleared the pass
with their strong bare hands.

Their bodies breaking under the weight
of the hard, unwieldy girders
they paid a heavy price for for every day
spent labouring on that soil.

Not a word could be heard
above the rattling wheel
and the thundering pistons
running at full speed.

With words dragged out of the clay
I commemorate these men, their faces
covered in dirt, their tongues sharp
as the blade of their shovels,

these men who stood here on this turf
where now I rest my feet, lifting
stone after stone, without rest,
without relief,

a' fàgail nan sreathan
    mhaireas dìreach, teann;
gam ghiùlan sear gu siar
    rathad-iarainn rann.

leaving these paired lines, straight,
fixed firm, the iron road a couplet,
two lines of a poem to carry me
from east to west.

Translated by Deborah Moffatt

'GACH DIHAOINE AN SEO, AN CNOC A' GHOBHAINN...'

Gach Dihaoine an seo, an Cnoc a' Ghobhainn,
bidh na bùithtean a' dùnadh air a' mhadainn
agus na daoine a' dol, is iad gan gairm,

do na mosgaichean, leis na h-aodaich gheala
ac' a' deàrrsadh, a dh'aindeoin na droch shìde.
Bidh na sràidean gam fàgail ciùin is sàmhach,

a bha roimhe cho làn le fuaim is faram,
's guthan a' tighinn còmhla ann an ùrnaigh.
Ach, air an là sin, chaidh an tost a bhriseadh,

agus sinne a' cluinntinn guth nan daoine,
tighinn thugainne bho Cheàrnaig na Saorsa,
is thionndaidh gach uile duine chun an Ear.

EVERY FRIDAY IN GOVANHILL

Every Friday, here in Govanhill,
the shops are closed in the morning,
and on hearing the call, the people

all head for the mosques, their clothing
gleaming white, in spite of the bad weather,
leaving the streets empty and quiet –

streets that were earlier full of clatter
and chatter – to raise their voices together
in prayer. But on that day, the silence

was broken, and we heard the voice
of the people, coming from Tahrir Square,
as every single person turned to the East.

Translated by Deborah Moffatt

'GUS AM BI E CEADAICHTE DHUIBH PÒSADH…'

do C. is M.

Gus am bi e ceadaichte dhuibh pòsadh
biodh an fhàinne againne na gealladh
den t-saoghal a bhios againn, far am beannaicht'
an gaol a th' aig gach dithis is iad còmhla.
Biodh a h-òr na shamhla de mo dhòchas
nach fhada a-nis gus am faigh sinn ceartas,
nach tèid sùil a thoirt air gaol le amharas,
gur urrainn a nochdadh gun eagal fòirneirt.

Seasadh a bann nach brist' airson a' cheangail
eadarainn, fear a mhaireas a-chaoidh,
cruthaichte bho ghaol 's chan ann bho ealain.

Gu ruige an latha sin gabhaibh an dàn
seo, is e làn mhearachdan, na laoidh
don latha air am bi sinn coileant', slàn.

Until It Is Legal For You To Marry

For C. and M.

Until it is legal for you to marry
our ring would be a promise
of the world we will have, where the love
of two people together is blessed.
The gold would be a symbol of my hope
that it won't be long until we have justice,
until people don't look at love with suspicion,
until we can come out without the fear of violence.

The bann that won't break will stand
for the link between us, one that will last forever,
created from love and not from art.

Until that day comes, take this poem,
full of mistakes, a hymn to the day
when we'll be completed, whole.

Translated by Peter Mackay

'CHA DO DH'ÈIRICH A' GHRIAN AN-DIUGH AIR GLASCHU...'

Cha do dh'èirich a' ghrian an-diugh air Glaschu
dh'fhuirich i aig an taigh airson cumail blàth,
tha i air an leus aic' a chur am falach

is an samhradh ro ghoirid air dhol seachad.
Thàinig e oirnn ann am priobadh na sùla
mar gun deach sgàile liath a theannachadh ri

lions' a' chamara, sgoladh às na dathan,
a' fàgail dealbh a' bhaile an dubh is geal.
Tha na daoine a' falbh le aodainn reòthte

agus mise nam measg, a' coiseachd còmhla
ris an fheadhainn air nach eil sinne eòlach
air an t-slighe thugad tron bhaile bhrònach.

THE SUN DIDN'T RISE TODAY IN GLASGOW

The sun didn't rise today in Glasgow.
She stayed at home, afraid
that she'd catch the cold. Summer's flicker

has passed, leaving me looking
through a tinted camera lens
that has wrung out all the colours.

Black-and-white people, faces frozen,
walk the black-and-white streets.

I walk in this procession of strangers,
on the way to you through a sorrowful city.

Translated by Garry MacKenzie

'CHAN AITHNE DHOMH AINM NAN REUL...'

Chan aithne dhomh ainm nan reul,
   a' chuairt ac' tron speur gu h-àrd,
an neart a thàthas gach neul,
   an astar, am meud no 'n àit';

Chan eòl dhomh fìrinn am breith,
   cruthaicht' an spreadhaidhean mòr',
an cur an òrdugh, a bheil
   gach fear ceangailt' ris a' chòrr.

Cha d' fhuair mi fios air cho luath
   a tha an gluasad tron nèamh,
air neo èarlaid air an uair
   a thèid iad gu fuachd is fèath.

Ach thoir dhomh do phògan gun dàil, a ghaoil,
air chor is gur eòl dhomh do ghràdh, na chaoir
gam losgadh gun leònadh an àmhghar caomh
is solas gu leòr dhomh nad àilleachd dhaonn'.

142

I DON'T KNOW THE NAMES OF THE STARS

I don't know the names of the stars
    that travel through the skies,
the pull of their gravity, how far
    away they are, their size.

I don't know the facts of their birth,
    their creation in a big bang,
laid out each to its own berth
    and connected in a chain.

I never found out how fast
    they travel through the heavens
or how long each one might last
    before they're cold and leaden.

But now give me your kisses, my dear,
because I know your love, its flares
that burn without wounding, its tender
sorrow, your grace's human rays.

Translated by Peter Mackay

TRÈANAICHEAN

Soraidh slàn leis na trèanaichean orains a
ghiùlain sinn eadar Baile Ghobhainn 's Partaig,
Sràid na Drochaid is Ceann a' Chnuic 's an t-Oilthigh.

Soraidh slàn leis na carbadan pràiseach
'm broinn a' bhaile a chleachd sinn 'son teicheadh bho
fhuaim na trafaig 's nan daoin' air Sràid Bhochanain.

Soraidh slàn leis na tiogaidean a fhuair sinn
is iad air a bhith cleachdte le daoin' eile
nuair a thòisich ar cuairt aig an ceann-uidhe.

Soraidh slàn leis na h-oidhcheannan an dòchas
nach do mhothaicheadh leat do stad 's gu feumadh
sinn a dhol mun a' chearcall turas eile.

TRAINS

So now it's goodbye to the orange trains
that took us from Govan to Partick,
Bridge Street to Hillhead and the University;

goodbye to the brass carriages
we leapt on when we needed to escape
the noise of people and traffic on Buchanan Street;

goodbye to the used tickets strangers handed us
and that we passed on in turn
after each complicit journey;

goodbye to the nights when I'd hope
that you wouldn't notice your stop
and we'd have to complete the circle one more time.

Translated by Garry MacKenzie

TILGEIL CLOICHE

Tilg a' chlach a-steach sa mhuir
gun dèan i tuinn a shiùbhlas

bho thràigh gu tràigh 's iad a' fàs
cho mòr rim ghràdh 's rim dhùrachd.

Chan eil agad ach clach bheag
ruigidh i creagan ùra

chan eil agad ach làmh bheag
bu treas' i air do stiùir-sa

ged nach mòr do ghuth cho sèimh
an èigh agad as ciùine

thèid mac-talla thar nan tonn
am fonn na bhinneas ciùil dhomh.

Gabh tè eile na do làimh
a chaoidh chan fhàs thu tùirseach

is mise a' togail deilbh
bhon chladach air do chùlaibh.

SKIMMING STONES

Throw the stone into the sea,
make waves that will flow

from shore to shore and grow
as strong as my love for you.

You with only a small stone
that will land among other stones,

you with only your small hand
already strong under your command,

although your voice is tranquil,
and your cries quiet and calm,

an echo will come from over the waves,
a melody more sweet to me than any.

Take another stone in your hand,
you who will never grow weary or sad

while I, standing here behind you
take photographs from the shore.

Translated by Deborah Moffatt

'THIG A CHLUICH, A CHLÀRSAIR DHOILL...'

Thig a chluich, a chlàrsair dhoill,
  fonn na h-oidhche dom mhac òg;
cuireadh e a chadal leis
  an làimh dheis air an teud òir.

Ò, nam faiceadh tu a shùil,
  donn a chùil is grian a chlàir,
b' aoibhinn dhut, a fhir nach feuch
  gur binn a bheul 's e ri gàir'!

Ach, cha mhairg an duine dall
  oir is annsa leis an ceòl
agus 's e ur n-oirfeid aoibh
  fhèin a chasg caoineadh a bheòil;

b' ann a thog am mac a ghuth,
  a chuir, leis a' cheòl as àill',
gach neach a chluinneadh a dhuan
  ann an suain nan trì latha.

THE LONG DREAM

Come, blind O'Carolan, play a bed-time melody
for my young son; with your skillful hand
on strings of gold, send him to sleep.

Oh, if you could but see his eyes, his dark hair
and sunny countenance, the sweetness
of his mouth as he laughs!

But there is no need to pity the blind harper.
The child loves your music, and it is your joyful tune
which banishes all sadness from his face,

as to the strains of your sweet music he raises
his young voice, giving to all who hear his little song
the long dream of three nights sleep.

Translated by Deborah Moffatt

'CHA TÈID AN GAOL A ROINN...'

Cha tèid an gaol a roinn
mar uairean oidhch' gun tàmh,
no mìosan beannaicht' cràdh
do mhàthar 's tu na broinn.

Nighean nam mile gàir'
cha tèid an gràdh na bhloigh,
na chriomaig bhochd nach toigh
– cha dèan an gaol ach fàs.

Fàsaidh mar a dh'fhàsas tu
is fàsaidh m' onfhadh nam chom,
mo chridhe lom a' tàladh dhut

's mi a' tarraing analach
agus ga sèideadh air tonn
nam fonn uile a chanadh leam.

LOVE WILL NOT BE DIVIDED

Love will not be divided
like the restless hours of night
or the months of blessed pain
your mother felt with you inside.

O thousand-time smiling girl,
my love will never erode
into insipid crumbs;
my love will only grow.

Grow as you will grow and
the lungs will grow in my chest
so that my plain heart soothes you

whenever I draw breath
and blows out upon the wave
of every song I sing.

Translated by Peter Mackay

FEITHEAMH NA GRÈINE

Tha sinn a' feitheamh na grèine;
    cha do dh'èirich i, tha geal
an aidhre na chòmhdach millte
    agus sinn, an seo, fo cheal;

aig an àm-sa dhen a' bhliadhna
    mus do bhris a' mhadainn, dreach
na dùthcha sàmhach is falamh,
    bonn na talmhainn uil' fo shneachd,

tha gathan-s' cho fann 's gu fàilig
    oirre àlachadh, a buain
ach na miann ghràdhaichte fhathast
    is i fada air falbh uainn,

ach tha fhios gu bheil i torach
    is gun toir iad oirre fàs
agus le beagan deagh threabhaidh
    thig a teas air luchd a gràidh.

WAITING FOR THE SUN

We are waiting for the sun.
It didn't rise today, and we here
awoke to find ourselves concealed
beneath a smothering cover of snow.

At this time of the year,
before the break of day
the landscape lies empty,
the ground silenced by snow,

the sun's rays too weak
for nourishment, the harvest
still but a longed-for delight
and so far from us yet,

but we know the land is fertile,
and with a little bit of good tillage
the sun will bring growth to the land
and warmth to those she loves.

Translated by Deborah Moffatt

DIMITTO

Às dèidh dàin a chur gu iris ann an New York

Aoibhinn, a phasgain, do thriall,
    leis gach dàn chiallmhòr nad bhroinn,
air an itealan, a' toirt
    thar a' choip, fad latha 's oidhch',

mo dhòrlaich phàipeir don fhear
    a leughas gach sreath le tlachd,
tè a mhothaicheas don sgil
    air gach lid' a chur fo smachd

na meadrachd is aicill làin.
    Cha bu bhàn iad is gach tè,
gach duilleag an dubh is geal,
    nan eòin bhreaca 's iad a' sgèith,

mo litrichean air an druim,
    faclan a chuir mi gun dùil
nuair a ghabh mi 'n it' os làimh
    gum biodh àite dhaibh is sùil

fhoighidneach a fhreagradh dhaibh,
    brìgh gach rainn a rinneadh leam.
Aoibhinn, a chèis bheag, do chuairt
    o fhuair thu an stampa dearg,

sireadh neach nach b' aithne dhomh
    na dàin seo don tug mi gràdh
a ghabhail thuca 's iad beò;
    nach feàrr dhòmhs' g' eil thu nam àit'!

DIMITTO

After sending poems to a journal in New York

Go with joy, my little package,
with every well-wrought poem enclosed
within, fly high by night and day
over the white-capped waves of the ocean,

taking my sheaf of pages to a man
who will read every line with delight,
to a woman who will notice the skill
of every well-placed syllable, all

controlled by metre, by rhyme.
Every page full of black lines
streaming over white paper
like speckled birds in flight,

my letters on their backs,
words that I wrote down, when first
I took quill in hand, barely knowing
if they would find a place

or a patient eye to respond to them
to find the meaning in every verse I wrote.
May your journey be joyful, little envelope,
since you got your red stamp, and went

away in search of someone unknown
to me, who would take these living poems
to which I gave so much love; and better so
for me that you are in my place!

Translated by Deborah Moffatt

Beatha Ùr

Seo na faclan leis an tòisich sinn
    beatha ùr le dòchas agus gràdh.

Seo na geallaidhean a chumas sinn
    a dh'aindeoin tìde, seargaidh no bàis.

Seo na bilean leis am pòg sinn
    a' cur ri 'r stòras toileachais is àigh.

Seo na sùilean leis an coimhead sinn
    air a' ghrèin dol fodha is a' ghealaich làin.

Seo na casan leis an ceumnaich sinn
    bho shlighean ìosal do na reultan àrd'.

Seo an talamh far an cuir sinn,
    a bha roimhe falamh agus bàn.

Seo am baile far an coisich sinn
    còmhla, a' dèanamh gàire air gach sràid.

Seo na h-àiteachan don tèid sinn
    's sinn a' siubhal, do làmh-sa na mo làimh.

Seo an leabaidh far am faigh sinn
    tlachd tro oidhcheannan gu briseadh là.

Seo na siotan geala leis an seòl sinn
    bho ar dachaigh an seo gu tìr thar cràidh.

Seo na fàinnean òr' a bheir sinn,
    nach briste ged a ruitheas gach ràith'.

New Life

Here are the words with which we'll start
   a new life with hope and love

Here are the promises we will keep
   time death decay in spite of

Here are the lips with which we'll kiss
   and add to our joy all kinds of

Here are the eyes with which we'll see
   the sun go down, the moon full of

Here are the feet with which we'll step
   from lower paths to the highest stars of

Here is the earth where we will reap
   what was – before – bare, in need of

Here is the town in which we'll walk
   laughing together each street of

Here are the places where we'll go
   when we travel, hand in hand of

Here is the bed where we will get
   delight through night till break of day of

Here are white sheets with which we'll sail
   from our home here to the land beyond pain of

Here are gold rings which we will give
   which won't break in spite each season's run of

Seo an gaol gun smal a th' eadarainn
    a bheothaicheas gach sreath, gach rann, gach dàn.

Here is the love without fault we'll share
   which quickens each line, each verse, each song of

Translated by Peter Mackay